DEUXIÈME PÈLERINAGE

DU

DIOCÈSE DE COUTANCES ET AVRANCHES

A

NOTRE-DAME DE LOURDES

Maria de qua natus est Jesus

ALLELUIA, ALLELUIA, ALLELUIA !

Magnificat anima mea Dominum !

Alleluia !

SOUVENIR

OFFERT

M

Le Directeur du Pèlerinage,

A.-M. LEGOUX.

PÈLERINAGE

DU DIOCÈSE

DE COUTANCES ET AVRANCHES

A NOTRE-DAME DE LOURDES

Deuxième Pèlerinage

DU DIOCÈSE

DE COUTANCES ET AVRANCHES

A NOTRE-DAME DE LOURDES.

Dieu tient toujours les rênes du monde, et sa main, habituellement cachée, se révèle néanmoins constamment aux yeux que ne ferme pas une obstination ingrate et insensée, par son action, si douce qu'on ne la sent pas, mais d'une puissance irrésistible. Que si parfois il soulève un peu le voile qui recouvre la paternelle sollicitude avec laquelle il veille sur l'univers, ces manifestations extraordinaires présentent ce double caractère qui distingue toutes les œuvres divines : la faiblesse des moyens et des instruments employés, la grandeur des résultats obtenus. Quel contraste avec les entreprises humaines où tant d'efforts et de fracas s'épuisent si vite en stériles et humiliants avortements et s'éteignent dans l'oubli !

Il n'y a pas encore un quart de siècle la France après des

triomphes qui lui avaient donné, parmi les peuples, une prépondérance incontestée, la France se reposait au sein de la prospérité, des plaisirs et de la paix, insoucieuse du lendemain, avide de lucre et de jouissances, sûre d'un avenir qui ne lui offrait que d'éblouissantes perspectives. Mais cet avenir, enveloppé pour nous d'illusions décevantes, s'ouvrait devant le regard de Dieu plein de troubles, d'aveuglements téméraires, de desseins impies, de châtiments, de larmes et de ruines.

Avant que la tempête n'eût éclaté, le Christ, qui aime les Francs, daigna nous envoyer un signe de sa miséricorde, afin qu'il brillât dans la nuit de nos frayeurs, pour relever nos courages et soutenir notre confiance. L'*Immaculée Conception* apparut à Lourdes, douce et ravissante aurore du plein jour de Dieu que les invincibles espérances de l'Eglise saluent à l'avance, par delà les nuages amoncelés qui passent et les rafales de la tempête dont les fureurs sont éphémères.

C'était à peine une lueur se jouant sur une petite fleur agreste cachée au fond d'une vallée obscure. Une enfant chétive, ignorante, en haillons, tombait à genoux sur l'herbe ou les cailloux, en face d'une roche sauvage, bizarrement creusée et trouée par un caprice de la nature, et le regard de cette enfant s'élevait, s'emplissant d'un rayon extatique.

C'est ce rayon, éteint depuis vingt-trois ans pour l'œil charnel, qui s'est pourtant fixé en ce lieu à jamais consacré, où toujours il brille pour les âmes qu'il charme et qu'il attire de toutes les contrées de la terre.

C'est ce rayon de beauté et d'amour, émané du regard de Celle qui est la pureté sans tache et la grâce invinciblement séduisante de la miséricorde, à l'attraction duquel le diocèse de Coutances vient d'obéir pour la seconde fois depuis six ans.

Raconter ce pèlerinage est la tâche, au-dessus de nos forces, qui nous est imposée. Nous n'essaierons donc pas de lutter contre notre impuissance à en décrire les splendeurs, à en faire revivre les émotions. Tout ce que nous pouvons essayer, c'est de fixer quelques souvenirs, en notant les conditions dans lesquelles il s'est accompli et les circonstances générales qui en ont marqué les étapes, signalé les scènes diverses et déterminé le caractère.

Depuis quelque temps déjà l'espérance d'un pèlerinage diocésain s'était répandue, et elle avait été accueillie avec enthousiasme. Aussi, lorsque Monseigneur l'Evêque annonça officiellement le 15 août que, cédant et aux désirs personnels de sa foi et de sa piété, et aux instances qui, depuis cinq ans, lui étaient adressées, il conviait les fidèles à courir, sous sa conduite, à Lourdes, à la grotte des miracles, l'empressement à s'inscrire fut partout aussi prompt que joyeux et ardent. Dès les premiers jours il fut facile, non pas de prévoir, mais de voir que le diocèse allait « ajouter une page de gloire nouvelle à ses annales, déjà si fécondes. »

M. l'abbé Legoux, secrétaire de Monseigneur, chargé par Sa Grandeur de l'organisation du pèlerinage, eut besoin, pour suffire à cette tâche écrasante, d'élever et de soutenir, sans interruption, pendant tout un mois, à toute la hauteur où ils pouvaient atteindre, le zèle, l'activité et le dévouement exceptionnels qui le distinguent. Ce serait ici le lieu de rendre hommage à cette nature si généreuse et si sympathique, dont, pendant tout le voyage, les pèlerins ont si bien apprécié les rares et exquises qualités ; mais, moins que personne, nous ne voulons encourir le péril de froisser sa délicatesse, d'alarmer ou de contrister sa modestie.

Moins encore voulons-nous oublier et taire le concours empressé que lui prêtèrent Messieurs les Secrétaires de l'Évêché : ce fut, de la part de tous, une douce émulation de piété et de charité, que Notre-Dame de Lourdes ne manquera pas de récompenser.

C'est également un devoir de justice et de reconnaissance d'inscrire ici, de même qu'ils restent inscrits dans le souvenir de tous ceux qui les ont vus à l'œuvre, si attentifs et si complaisants, les noms de Messieurs les Commissaires. C'étaient : pour le premier train de Coutances, avec M. l'abbé Legoux, M. l'abbé Le Royer, vicaire de N.-D. de St-Lo ; pour le second train de Coutances, M. l'abbé Sanson, pro-secrétaire de l'Évêché, et M. l'abbé Gautier, vicaire de St-Pierre de Coutances ; pour le train de Cherbourg, M. l'abbé Ybert, professeur du petit séminaire de Valognes, et M. l'abbé Gardin, vicaire de Ste-Trinité de Cherbourg ; enfin, pour le train d'Avranches, M. l'abbé Blin, professeur du petit séminaire de Saint-Lo, et M. l'abbé Leprovost, vicaire de St-Gervais d'Avranches.

De son côté, la Compagnie des Chemins de fer de l'Ouest montra, pendant toute la durée des relations et des négociations dont l'organisation des trains fut l'objet, une bienveillance et une délicatesse de procédés auxquelles nous sommes heureux d'avoir à rendre hommage. Les deux autres Compagnies, celle d'Orléans et celle du Midi, ont montré le même esprit. De Coutances à Lourdes et de Lourdes à Coutances nous avons pu, tous, en voir le témoignage dans la politesse et l'obligeance des employés, qui ne se sont démenties en aucune circonstance.

Nous pouvions donc partir sans préoccupation et nous livrer tout entiers aux sentiments qui emplissaient nos cœurs.

L'un après l'autre et à peu d'intervalle, les quatre immenses trains qui nous étaient préparés, s'élancèrent, dès le matin du lundi 12 septembre, recueillant, à chaque gare, les pèlerins qui accouraient, allègres et déjà rayonnants de bonheur, de tous les doyennés, presque de toutes les paroisses du diocèse. Ainsi, bien avant que le soleil eût répandu sa lumière, à travers nos campagnes sillonnées dans toutes les directions par un courant de foi et de piété, se répandait, plus rapide que la flamme, et s'élevait vers le ciel, comme un nuage d'encens, le parfum de nos chants et de nos prières.

Dès la veille au soir, les belles prières de l'Itinéraire avaient été récitées à la Cathédrale et dans un grand nombre d'églises paroissiales.

Au départ, le but du voyage apparaissait naturellement au regard des pieux pèlerins : nous allions à la Vierge Immaculée, nous allions à Lourdes. Mais, comme autrefois la fontaine d'Horeb pour les Hébreux sur l'aride chemin de la terre promise, Lourdes n'est pour le chrétien qu'une étape sur la route du ciel. Aussi nos vœux, dirigés vers ce terme suprême, trouvèrent leur expression dans ce doux et beau chant : *Vitam præsta puram, iter para tutum, ut videntes Jesum semper collætemur!* O Vierge! purifiez notre vie, faites-nous une voie sûre, afin que dans la contemplation de Jésus nous trouvions l'éternelle joie ! Mais cette joie promise à la vertu, nous ne pouvons l'obtenir que par Marie, de même que la santé de l'âme et du corps, le pardon de nos fautes et le secours dans nos périls. Dans le sentiment de notre impuissance et de nos misères, nous lui crions du fond de nos cœurs : *Causa nostræ lætitiæ, Salus infirmorum, Refugium peccatorum, Auxilium Christianorum, ora pro nobis.*

Cependant nos trains arrivent aux gares de Lison et de Folligny; ce sont les deux véritables points de rendez-vous et de départ : c'est donc là que les dernières mesures prévues par le règlement doivent être prises pour faciliter le bon ordre et alimenter la piété.

Chacun s'installe et reçoit le *Manuel* où sont indiqués les exercices qui devront couper et sanctifier les heures du voyage, puis les *Insignes* qui bientôt brillent sur toutes les poitrines. Ces Insignes sortis des ateliers de Madame Saudinos, à Paris, se distinguent à la fois par le bon goût de l'exécution et par le choix heureux des emblêmes qu'ils présentent. Sur le ruban, couleur du ciel et de la Vierge Immaculée se dessine, en or pâle, une large médaille, surmontée de la croix, où se lit cet exergue : *Pèlerinage de Notre-Dame de Lourdes.* Au centre, on voit la grotte dans son état actuel. Dans la niche de l'apparition, Marie se montre, entourée de rayons, à Bernadette agenouillée sur le sol, et la Basilique laisse apercevoir, au-dessus de cette scène, son portail et sa flèche légère. Enfin, ce ruban, si artistement frappé, porte appendue la coquille d'argent des pèlerins de Saint-Michel.

Cependant, nous ne sommes point encore au complet : à chaque gare, de nouveaux compagnons de voyage se joignent à nous, tous radieux de joie et de piété. Il en sera ainsi jusqu'à Argentan. On sait que le Diocèse de Bayeux en particulier nous fournit un contingent de deux cent cinquante pèlerins, édifiants, charmants et bien venus entre tous. Les liens les plus chers ne nous attachent-ils pas les uns aux autres, comme des frères bien-aimés ? Nulle part, d'ailleurs, nous n'avons rencontré un enthousiasme plus expressif que dans le Diocèse de Bayeux. Là, comme chez nous et comme dans le diocèse de Séez, où Monseigneur Germain a récemment noué tant de relations d'affection réciproque, à toutes les gares, une foule sympathique nous saluait au départ ou au passage, les cloches sonnaient à toute volée, les paroisses accouraient avec leurs bannières et leurs oriflammes. Nous passions devant ces foules chrétiennes avec la rapidité de l'éclair, nous pouvions à peine échanger un salut, du regard ou de la main ; mais que leur importait ? Leur présence ne suffisait-elle pas à manifester et à cimenter l'union de nos âmes, de nos vœux et de notre amour pour notre Mère du ciel ? Elles ne voulaient pas autre chose.

Cependant nous n'avions pas quitté le diocèse de Coutances sans envoyer vers l'Archange des batailles et des jugements l'appel énergique de nos cœurs, justement effrayés des luttes à soutenir, des comptes à rendre à la justice divine : *Sancte Michael Archangele, defende nos in prœlio, ut non pereamus in tremendo judicio.* Et nous nous rappelions, à mesure que les versets de ce chant magnifique montaient de nos âmes à nos lèvres, que le Chef des milices célestes est aussi le protecteur de l'Eglise, et nous l'invoquions avec une ardeur et une confiance qui semblaient déjà saluer le triomphe pour cette divine Mère des hommes et des nations, objet de tant de haines et de tant d'attaques, pour tout le peuple de Dieu, dont Satan voudrait faire sa proie.

Mais alors la pensée de la France nous revenait, enveloppée d'angoisses et d'effroi. Qui pouvait dissiper ce nuage de pesante tristesse, sinon le maternel sourire de Marie? Et nous faisions monter vers son trône cet appel brûlant : « Vierge, notre espérance, étends sur nous ton bras ; sauve, sauve la France, ne l'abandonne pas! »

Peu après, l'âme rassérénée, nous modulions doucement ce cantique plein d'abandon et de suave tendresse : « D'une mère chérie, célébrons les grandeurs; consacrons à Marie et nos voix et nos cœurs. »

Si nos chants s'interrompaient, c'était pour la prière. Ici les litanies nous prêtaient leurs ardentes et poétiques invocations; plus loin le Rosaire égrenait entre nos doigts ses dizaines et sur nos lèvres cette salutation que l'enfant de Marie « redit sans cesse et ne répète jamais. »

Les hymnes et les cantiques reprenaient bientôt. « Pitié, mon Dieu ! » « *Monstra te esse matrem,* » le Chapelet de Notre-Dame de Lourdes, ce doux récitatif, d'une naïveté si touchante, si gracieuse et si populaire.

Presque au moment de quitter la Normandie, nous avions salué à Séez, en même temps que la cathédrale aux riches et élégants clochers, une chapelle toute brillante de jeunesse et de fraîcheur. A la vue de ce sanctuaire, nous nous redisions que là, comme à Lourdes, l'Immaculée Conception avait répandu des grâces merveilleuses, et il nous était doux d'envoyer, en passant, à *Notre-Dame de Séez* une prière et un remercîment.

Après les campagnes du Maine coupées de haies comme les nôtres, après Le Mans, dont la belle cathédrale profile devant nous sa masse imposante et domine toute la ville, nous entrons dans ce *jardin de la France* qui se nomme la Touraine, et bientôt Tours s'offre à nos regards dans la sereine lumière d'un beau soir. Mais à peine s'arrête-t-on un instant à admirer les flèches de la métropole et les autres monuments qui attireraient, à bon droit, l'attention des voyageurs ordinaires. Pour nous, un souvenir nous occupe tout entiers : c'est ici la ville de Saint Martin, un des berceaux de la France chrétienne, et nous invoquons de toute notre âme le grand thaumaturge des Gaules.

Plus tard, mais ce sera dans la nuit, nos cœurs, sinon les voix de tous, invoqueront à Poitiers saint Hilaire, le grand docteur de l'Occident, le défenseur, avec saint Athanase, de la divinité du Verbe, — sainte Radegonde, la noble reine, qui, d'un trône encore plus douloureux que brillant, descendue dans la paix du cloître, embauma son ancien royaume et toute l'Eglise du parfum de sa patience, de ses aumônes et de sa piété. A la place de la couronne qu'elle avait rejetée de son front, un plus riche trésor apparaît dans ses mains : la Vraie Croix, dont elle reçut une portion considérable, en l'honneur de laquelle elle fit élever une magnifique basilique et composer les hymnes que, depuis treize cents ans, l'Eglise chante au temps de la Passion. Plus d'un pèlerin, dont le sommeil fuyait les yeux, trouvait dans ces souvenirs un charme qui berçait doucement sa pensée dans des rêves consolants : les rêves de l'avenir où l'on se réfugie pour fuir les cauchemars du présent. Que d'orages ont passé, que de haines sauvages ont eu la puissance de s'assouvir, sur cette terre d'Aquitaine, depuis le jour où Fortunat entonnait pour la première fois le *Vexilla regis prodeunt!* Toutes ces rages sont tombées, toutes ces fiertés si menaçantes ne sont plus qu'un grain de poussière égaré, perdu parmi les autres; et la Croix reste adorée, et le tombeau de Radegonde est plus vénéré et plus resplendissant que jamais, non parce qu'elle fut reine, mais parce qu'elle est sainte. « La vraie, la seule grandeur est celle que Dieu couronne, » et le Tout-Puissant reste le maître, ordonnant tout selon ce que réclament sa gloire et notre plus grand bien.

Ainsi nous allions, de Poitiers à Angoulême, mêlant dans la vague et indécise confusion de nos idées le présent au passé, la Croix et le Sacré-Cœur, saint Hilaire et le cardinal Pie, sainte Radegonde et Marie Eustelle.

La nuit se prolonge. Nous traversons, sans les voir, les Charentes et la Gironde. Un immense arc de lumières jette de pâles reflets dans une large nappe d'eau : c'est Bordeaux et son fleuve et son port. Nous saluons d'un regret toutes ces magnificences enveloppées d'ombres jalouses qui nous en dérobent le spectacle.

Désormais les ténèbres, qui, d'ailleurs, deviennent peu à peu plus transparentes, nous causeront moins de regrets : nous sommes pour cinq ou six longues heures dans les landes de Gascogne. Les forêts de pins, plantées depuis le commencement de ce siècle, qui en couvrent toute la surface, en ont, dit-on, fait fuir la pauvreté, mais non l'aspect monotone et triste. Pourquoi ne pas voir là une image et un enseignement? Bientôt toutes les splendeurs physiques et morales vont ravir nos âmes. N'est-ce point par une route sombre et pleine d'ennuis qu'il faut arriver aux sommets que la lumière couronne, aux vallées que fécondent les eaux vives et qu'embaument les parfums et les fleurs?

Les montagnes. Voici qu'elles apparaissent, dans le lointain doucement estompé de l'horizon, aux premières lueurs du matin. L'aube blanchit leurs cimes encore confondues avec les nuages légers et floconneux, qui voltigent au-dessus de leurs crêtes, et nouent, autour de leurs flancs, de molles et ondoyantes écharpes de gaze et de soie. Douce et bénigne aurore, caresse du regard, réveil joyeux de la nature, de l'intelligence et du cœur, candeur aimable, suave beauté, émanation et rayon précurseur du Soleil de justice et de gloire, sois toujours pour nos âmes le charme qui les enchante et le phare qui les guide : *Stella matutina, ora pro nobis*.

Mais la méditation nous a montré le fond, toujours agité, de nos cœurs. Là, ce n'est pas l'inébranlable solidité des monts aux larges bases, au front plongé dans les cieux et revêtu de l'éclat des neiges éternelles, symbole d'innocence immaculée. Nos cœurs, vastes mais tourmentés comme la mer, demandent que la tempête s'éloigne et que leurs flots apaisés puissent refléter l'azur : *Ave maris stella*.

Ces beautés qui encadrent notre route et ravissent notre imagination en même temps que nos regards, ne nous font point oublier le but vers lequel nos désirs volent bien plus vite que la vapeur ne nous emporte. Tout, au contraire, tout nous rappelle, tout nous crie : Lourdes, Marie, la Grotte et Bernadette. Ecoutez cette délicieuse églogue : « Près de la voyante, *au lever du jour*, la foule croyante se rend tour à tour, *Ave, ave, ave, Maria !* » Et nous continuons, et nous allons désormais reprendre jusqu'à l'arrivée, sans les interrompre si ce n'est pour réciter les Litanies et nous jeter un instant aux pieds de Jésus, les couplets qui déroulent cette merveilleuse et adorable histoire et que jamais le cœur ne se lasse de répéter ou d'entendre. Tout en chantant, sans nous distraire, mais, au contraire, pour admirer et bénir d'une âme plus émue le Dieu des grandeurs, nous contemplons les montagnes dont la chaîne s'allonge sans limites, en même temps que plus rapprochées elles nous présentent des aspects plus variés, des masses plus écrasantes, des cimes plus élevées, des figures plus diverses : pics abrupts, ballons gonflés, cônes arrondis ou tronqués à leurs sommets, plateaux couverts de pins, aiguilles de marbre ou de granit dénudées comme des squelettes gigantesques, murailles énormes taillées comme au ciseau, croupes mollement ondulées et revêtues de verdure, toutes ces formes bizarres, hachées, déchiquetées, tourmentées, se découpent sur un ciel splendide dont la lumière aux doux chatoiements baigne et repose le regard au lieu de le fatiguer.

Tarbes ! Tarbes ! C'est le dernier, ou plutôt c'est le seul repos ! Nous sommes arrivés jusqu'ici pour ainsi dire sans arrêt. Mais qui s'en plaint? Si les corps en ont un peu souffert, les âmes, impatientes, s'en réjouissent.

C'est à Tarbes que le train de Cherbourg rencontre les pèlerins de Marseille qui s'en retournent. Quelle fraternité chaleureuse, quand on s'aborde; comme on échange les félicitations, les acclamations, les étreintes cordiales et enthousiastes : vive Marseille! vive le train de Cherbourg ! surtout vive, vive Marie Immaculée ! Vive Notre-Dame de Lourdes ! « A nous, s'écrient les larmes aux yeux les fils de Saint-Lazare, à nous elle a accordé quatre miracles ! Priez-la bien, remerciez-la bien pour nous; jamais elle ne sera assez bénie. »

Après Tarbes, c'est Lourdes : « salut, ô vallée, ô trône d'amour, où l'Immaculée a pris son séjour ! » Nous y descendons, nous y volons avec une rapidité redoublée, trop lente pourtant encore au gré de nos désirs : les chants se pressent plus vifs, plus ardents, plus attendris : *Salve, Regina! Salve Mater!* et puis nous y touchons, nous y sommes : « sur cette colline Marie apparut; au front qu'elle incline rendons le salut : *Ave, ave, ave Maria !* »

Oui, dans quelques instants nous serons à la Grotte, nous boirons l'eau miraculeuse, nous tomberons à genoux devant l'Apparition, nous baiserons le rocher qu'ont touché les pieds de la Reine du ciel. La distance est franchie, le but est atteint : « C'est la Normandie qui vient à son tour aux pieds de Marie dire son amour. *Ave, ave, ave Maria !* »

Il faut pourtant accorder un moment aux réclamations des corps fatigués et qui seraient épuisés si le cœur ne les soutenait. Il faut chercher son logement, réparer ses forces : on se hâte joyeusement sans s'inquiéter ni se troubler. Ici l'âme respire la paix et nage dans l'allégresse : « le souffle qui passe est celui de Dieu. »

Une procession traverse les rues. C'est celle de Saint Etienne : la grande ville manufacturière a envoyé sept cents de ses enfants prier la Vierge Immaculée. Nous apprenons que le diocèse d'Avignon est aussi à Lourdes en la personne de son Archevêque, Monseigneur Hasley, enfant de l'Eglise de Coutances, et de sept cents de ses diocésains. Nous les retrouverons bientôt ; leurs joies seront nos joies, et les nôtres, les leurs.

A cinq heures environ, nous sommes réunis au portail de l'église paroissiale. C'est là que la procession s'organise à la suite de notre bannière, noblement tenue par M. le comte de Rougé. Ici toute description est impossible. Qu'on se figure une double file de pèlerins, trois cents hommes, quatre cents prêtres, dix-huit cents femmes — tous les rangs, tous les âges, tous les costumes — unis, confondus dans une même pensée, une même piété, un même ravissement !

Que l'on essaie de se représenter cette multitude suivant, sous la présidence de son Évêque, dans un ordre parfait, les étendards aux couleurs variées qui, d'espace en espace, resplendissent sous les feux de ce beau ciel du midi, serpentant en longs et multiples méandres à travers la ville tout entière, puis descendant jusqu'au fond de la prairie que borde le Gave pour remonter ensuite à la Basilique! — Au moment où les premiers rangs y arrivent, les derniers n'ont pas encore quitté l'église de Lourdes. — Sur un parcours de quinze cents mètres, de deux kilomètres peut-être, retentissent tour à tour l'*Ave de Lourdes* et le *Magnificat*; mais il faudrait entendre les voix émues, trempées de larmes, suppliantes comme un soupir, éclatantes comme une fanfare de triomphe, il faudrait voir les visages où rayonne une joie qui n'est pas de la terre. Notre plume s'arrête, vaincue, devant ce spectacle qui restera à jamais dans le souvenir de ceux sous le regard desquels il a passé comme une vision du ciel.

Vision du ciel, en effet : c'est ainsi qu'il apparaît à ce personnage du monde officiel, qui, venu à Lourdes pour y chercher matière aux sarcasmes qu'aiguisait déjà sa verve railleuse, se trouble en voyant défiler cet interminable cortège de serviteurs de Marie, en entendant vibrer dans leurs chants la vaillance de leur foi et la tendre confiance de leur cœur, et bouleversé, remué et retourné sous le coup de cette grâce visible, se jette, dès le soir même, aux pieds d'un confesseur, et, le lendemain matin, va recevoir à la Table-Sainte le Dieu vainqueur que, la veille, il blasphémait.

Pendant longtemps les fidèles entrent à flots pressés dans l'enceinte sacrée qui peu à peu se remplit. A plusieurs reprises les Missionnaires de Lourdes, pourtant habitués à ces concours, s'écrient stupéfaits : « N'est-ce pas fini? » En vain ils s'ingénient à placer tout le monde : quatre cents personnes sont forcées de rester en dehors du vaste édifice.

Pendant ce temps, Monseigneur est monté en chaire, et c'est au milieu du plus profond recueillement et de l'attention la plus religieuse, que sa voix s'élève, vibrante de chaleur et d'émotion.

Nous avons la témérité d'insérer dans ce compte-rendu ce sermon et deux autres encore prononcés à Lourdes par Sa Grandeur, tels que nous avons pu les retrouver au fond de notre mémoire. Il est inutile de dire que nos lecteurs n'auront ici qu'une pâle esquisse de l'éloquence qui nous tenait haletants et nous emportait, dans son vol, jusque sur les hauteurs où elle planait sans effort. Mais nous avons cru que, tout imparfaite qu'elle fût, cette reproduction serait cependant agréable: aux pèlerins, dont elle ravivera les souvenirs; à ceux qui n'ont pas entendu ces magnifiques discours, parce que du moins elle déploiera devant eux l'ordonnance des pensées, et leur présentera en grande partie l'enseignement qui s'en dégage.

Quel spectacle, mes frères! En peut-il être de plus beau, de plus grand, de plus émouvant? Comme l'âme, plus encore que le regard, est saisie, émerveillée, doucement remuée dans ses plus intimes profondeurs, et comme elle s'élève à Dieu, dans un ravissement d'admiration et de reconnaissance, en contemplant cette multitude serrée, entassée dans cette enceinte trop étroite pour la contenir, ces deux mille cinq cents pèlerins, accourus de l'extrémité de la France, de deux cent quatre-vingts lieues, pour invoquer, pour bénir Marie, pour lui montrer, pour lui dire comment et jusqu'à quel point ils l'aiment! Car vous n'êtes pas seulement un spectacle: vous êtes une voix, voix immense et profonde comme la voix de l'Océan; vous êtes un cri, un cri puissant et perçant qui s'élève comme l'encens, comme la flamme, et qui pénètre les cieux et monte jusqu'à Dieu. N'est-ce pas une voix, éloquente entre toutes dans son silence et son recueillement, que ces fidèles de tout rang, de tout âge, unis dans un même sentiment, dans un même amour et ne formant vraiment qu'un cœur et qu'une âme? N'est-ce pas un cri irrésistible pour le cœur de Dieu, pour le cœur de Marie, que ces quatre cents prêtres, qui adorent et supplient entre le tabernacle et l'autel? Ah! c'est ici que l'on reconnaît, que l'on sent bien l'impuissance de la parole humaine à traduire les frémissements et les gémissements des cœurs sous le souffle de l'Esprit divin! Pourquoi donc parler? Le silence seul ne convient-il pas, quand tous les cœurs parlent si haut? Ne vaudrait-il pas mieux vous laisser livrés à vos sentiments intimes et à votre recueillement ?

Mais non ! toutes ces âmes veulent parler, elles veulent épancher les ardeurs qui les consument, les émotions qui les soulèvent. Il faut que le flot déborde, il faut que la lave enflammée jaillisse et s'élance. Il faut qu'une voix saisisse tous ces murmures, recueille toutes ces prières, se pénètre de toutes ces ferveurs, ramasse tous ces hommages, et s'élève, retentissante, vibrante des accents de tous les cœurs.

Cette voix, ce sera la vôtre ; c'est bien vous qui parlerez. Vos âmes, vos cœurs, je vais les prendre avec mon cœur, avec mon âme, de sorte que toutes ces âmes résonnent dans mon âme, tous ces cœurs palpitent dans mon cœur, ou plutôt de sorte qu'il n'y ait plus qu'un seul cœur, mais un cœur dilaté, agrandi, élevé à une immense puissance, par cette pénétration mutuelle, un cœur épanoui sous les rayons de la même foi, pénétré des mêmes espérances, embrasé d'un même amour, et, dès lors, trouvant, sous cette inspiration commune, le mot qui s'échappe de chacun de vos cœurs, la note qui vibre dans chacune de vos âmes.

Et que veulent-elles dire, vos âmes ? Quel est le mot qui le premier monte à vos lèvres ? Avant tout elles veulent saluer. Leur premier mot, c'est un salut à Marie. Ce salut solennel, plein de vénération et plein de confiance, c'est à l'Eglise que nous en demanderons la formule. C'est avec l'Eglise que nous vous saluons, ô Notre-Dame, ô Vierge, ô Marie, *salve !*

Ah ! dans quel enivrement de bonheur et de respect nous vous saluons, ô Reine immaculée, sur cette terre qui est la vôtre à tant de titres, sur ce sol que vos pieds bénis ont daigné toucher, dans cette basilique que vous-même avez ordonné de bâtir ! Ici, nous sommes chez vous, dans votre maison, à votre foyer, je puis le dire, à ce foyer où, plus que partout ailleurs, votre cœur s'épanche en bénédictions et en caresses. Je vous salue, dans ce sanctuaire sacré, privilégié entre tous, où vous avez répandu, prodigué tant de grâces, tant de bienfaits, tant de miracles et tant de sourires. A votre puissance, à votre bonté, à votre amour, trois fois salut, ô Marie, *Salve* !

Je vous salue, d'abord, comme Reine : *Salve Regina !*

Reine, vous l'êtes partout, vous l'êtes pour tous. Ce titre auguste, toutes les voix de la création le font monter vers vous du plus lointain des siècles, le font retentir dans tous les espaces de l'immensité. Les cieux et la terre reconnaissent et bénissent votre empire. Vous êtes la Reine de l'Eglise ; vous êtes aussi, vous êtes toujours la Reine de la France ; enfin, vous êtes, d'une manière spéciale, — je le dis avec autant de reconnaissance et de confiance que de fierté, — vous êtes, ô Marie, la Reine des Normands.

Reine du ciel. Vous en recevez les hommages empressés et joyeux. En s'inclinant devant la splendeur de votre beauté et l'incomparable grandeur de vos privilèges, le ciel s'étonne et s'émeut, enivré d'un enthousiasme nouveau. *Quæ est ista ?* Quelle est donc celle-ci, qui, de la vallée des pleurs et du désert aride où toutes les misères étreignent et ravagent les cœurs, où toutes les langueurs font pencher les têtes appesanties de remords et d'angoisses, — *omne cor mœrens et omne caput languidum*, — s'élève seule, au-dessus de tout, dans l'éclat d'une pureté sans tache et d'une joie sans ombre ?

Reine du ciel. Dieu est au-dessus de vous, c'est vrai, — infiniment au-dessus, nous le proclamons, — car lui seul est Dieu, — mais vous êtes au-dessus de tout, et vous touchez aux frontières de la divinité. Au-dessus des Patriarches, qui vous saluent comme leur rejeton béni, leur espérance et leur gloire ; — au-dessus des Prophètes, à qui vous apparûtes et qui vous chantèrent à l'avance comme l'aurore des temps nouveaux, comme l'astre du matin, qui se levait, dans un nouveau ciel, pour éclairer une terre nouvelle, rajeunie et purifiée; — au-dessus des Apôtres dont, au cénacle, vous présidiez le collège et dont les âmes s'éclairaient et s'enflammaient près de vous, la Mère de leur Jésus; — au-dessus des Martyrs, dont les souffrances, dont les sacrifices ne sont qu'une goutte de cet océan d'amertume, de douleurs, d'inénarrable supplice et d'inénarrable dévouement dont votre cœur fut la victime au Calvaire.—Reine des Anges et de toute la milice céleste, dont les adorations et les extases ne sont qu'une ombre et un reflet des ardeurs qui vous embrasent et des rayons dont la vérité éternelle vous inonde.—Ah! oui, dans cette splendeur incomparable, dans cet éclat souverain, supra-céleste, presque divin où vous m'apparaissez, revêtue du soleil, couronnée d'étoiles, éblouissante de gloire, je vous salue, Reine des cieux, *Salve Regina !*

Mais la terre, notre pauvre terre, si triste et si désolée, est aussi votre domaine. Vous n'en répudiez pas les hommages, vous n'en rejetez pas, vous n'en méprisez pas les plaintives mais confiantes supplications. Eh bien ! voyez et entendez : de toutes les plages de l'univers, de tous les horizons qui bornent le regard et l'expansion du genre humain, du sein de toutes les générations qui se succèdent, du sein de tous les peuples qui se touchent et se pressent à la surface de notre globe, montent vers vous, unies dans un accord sublime, dans une harmonie où toutes les voix se mêlent, où tous les accents retentissent plaintifs ou joyeux, apaisés ou déchirants, mais toujours vibrant de confiance et de tendresse, montent vers vous les acclamations de la terre soumise à votre sceptre béni. N'entendez-vous pas ces incessantes invocations de l'Eglise et des fidèles, ces supplications attendries, ces larmes qui tombent adoucies, embaumées par l'espérance, et ces actions de grâce, ces cris de reconnaissance qui s'élancent vers vous, témoignages également certains, dans leur variété, de la soumission, de la fidélité des cœurs à votre royale puissance, ô Reine de l'Eglise et du monde?

Mais nous ne sommes pas seulement catholiques. Sur cette terre, que notre zèle embrasse tout entière, Dieu nous a, de ses mains éternelles, taillé, entre les fleuves, les mers et les montagnes, un héritage à part, notre terre promise, à nous : c'est la Patrie ; et le Chrétien aime la Patrie d'une affection, il lui donne un dévouement à la hauteur duquel aucune âme déshéritée de la foi ne saurait atteindre. Et comme cet amour de la Patrie devient plus vif et plus généreux quand cette Patrie se nomme la France, la noble France, la terre féconde des héros et des saints, la fille aînée de l'Eglise, le chevalier de Dieu, le porte-étendard de Jésus-Christ dans le monde! Eh bien! la France, elle est, par privilège, le royaume de Marie, *Regnum Galliæ, regnum Mariæ!* Cette vieille parole n'est-elle pas toujours vraie? Je vous en prends à témoin. La France est le royaume de Marie : Marie l'a choisie, élue entre toutes les nations, par une adoption singulière, et la France s'est donnée à elle par un acte authentique de piété suppliante et généreuse qui subsiste et conserve toute sa valeur. Oh! non, — quoi que fassent et quoi que disent je ne sais quels hommes, aussi peu Français que chrétiens, — notre France, à nous, la vraie France, n'a pas arraché de son front ce titre qui est son honneur et son espoir; elle n'a pas renié le vœu que fit en son nom, dans un jour de détresse, veille de longs jours de gloire, un de ses rois les plus chrétiens. Vous êtes, vous resterez toujours, ô Marie, la Reine de la France!

Nous sommes Français : oui, certes, et du fond de l'âme; mais nous sommes aussi Normands ; dans la grande patrie, nous revendiquons hautement, fièrement ce nom qui nous distingue. Eh bien! la Reine du ciel et de la terre, la Reine de la France est aussi la Reine de la Normandie. Nulle part elle n'a été plus invoquée, plus honorée; nulle part on ne lui a dédié plus de sanctuaires, consacré plus de fêtes; nulle part son culte n'a été plus populaire. Est-ce que toutes les cathédrales de notre province ne sont pas consacrées sous son nom? Et pour m'en tenir à ces deux diocèses qui me sont si chers à tant de titres, et au nom desquels je parle ici, l'un que Dieu et l'Eglise m'ont confié pour en être le pasteur et le père, l'autre où je suis né et où je conserve tant d'affections douces et précieuses, Marie n'en est-elle pas la patronne? N'est-elle pas, pour parler votre langue habituelle qui va retentir doucement dans vos cœurs, n'est-elle pas Notre-Dame de Coutances et Notre-Dame de Bayeux? Notre-Dame, c'est-à-dire notre souveraine, *Regina*.

Reine, sans doute; mais, pour nous, vous êtes plus et mieux encore, vous êtes une mère! et quelle mère! Non pas une mère ordinaire, dont le cœur, plus vaste, mais semblable au cœur des mères vulgaires, ne serait rempli que d'un amour de même nature. Oh! non. Cet amour maternel, dont le nom, la pensée, le souvenir font battre ici tant de cœurs, cet amour si pur, si dévoué, si généreux, n'est qu'un pâle reflet, une ébauche imparfaite, une ombre de l'amour de Marie.

Ah! je le sais bien, de tout cœur maternel coule et s'épanche incessamment sur son enfant la tendresse, l'indulgence, la miséricorde. Mais si la nature, quoique viciée, a laissé, dans le cœur de la mère, une telle puissance de dévouement, une telle richesse d'affection, qu'a fait la grâce, je vous le demande, la grâce opérant avec toutes ses énergies dans un cœur dont aucun souffle mauvais n'a altéré la fraîcheur ni desséché la sève, ni arrêté ou restreint l'épanouissement! Quelle miséricorde dans ce cœur immaculé, où se projette et se reflète, comme sur un pur miroir, la bonté infinie! Marie n'a-t-elle pas, pendant de longs mois, porté dans son sein, senti battre sur son cœur le cœur du Dieu qui est la miséricorde même? *Deus meus misericordia mea.*

N'est-ce pas elle qui a présenté, qui toujours présente au monde, n'est-ce pas, dis-je, entre ses bras et sur sa poitrine que nous est apparue la clémence, la douceur, la bonté substantielle, la bénignité victorieuse et ravissante de notre Dieu et Sauveur Jésus-Christ? *Apparuit humanitas Salvatoris nostri Dei.* Et puis rappelez-vous en quel lieu, à quelle heure, Marie est solennellement proclamée notre mère, et notre adoption consommée. C'est sur le Golgotha, sur ce théâtre où le drame de l'amour infini s'achève et se dénoue, dans l'éclat, dans la splendeur éblouissante du mystère, entre le ciel satisfait et la terre réconciliée; c'est à l'heure où la miséricorde triomphante embrasse et désarme la justice apaisée. Oh! Marie, votre cœur était là, attaché, lié au cœur de Jésus, associé à ses sentiments comme à ses souffrances, blessé de ses plaies, abreuvé de ses amertumes, déchiré de ses douleurs, palpitant de ses émotions. Chacun des battements du cœur de votre fils retentissait au fond de votre cœur, dans un cruel et merveilleux accord, et pour jamais votre âme s'emplissait de cette miséricorde inépuisable, dont vous deviez être à l'avenir la distributrice et la Mère, *Mater misericordiæ.*

S'il est vrai que, par je ne sais quel touchant mystère, une mère aime d'autant plus son enfant qu'il lui a coûté plus de souffrances, quel est donc, ô mère de douleurs, votre amour pour nous, enfantés au milieu et au prix de tant de tortures?

Vita. — Vous êtes pour nous la vie. Sans doute vous n'en êtes pas la source. C'est l'incommunicable privilège de Dieu, le *Vivant* éternel, qui, seul, féconde les entrailles du néant et pour qui et en qui seul toutes choses ont, à des degrés divers, la vie, le mouvement et l'être. Mais celui qui a dit : je suis la vie, *ego sum vita,* je viens la communiquer, la prodiguer au monde, c'est par vous ô Marie, qu'il nous a été donné; c'est de votre cœur, c'est de vos chastes entrailles que le monde l'a reçu. C'est de vous, de votre substance qu'il tient le sang rédempteur et vivifiant versé sur la croix pour nous délivrer de la mort, infusé dans nos âmes pour nous régénérer à une vie nouvelle. Le sang de Jésus, d'où découle notre vie, est toujours le sang de Marie.

Ainsi c'est le sang de Marie que nous puisons dans les sacrements; c'est lui qui, à travers les âges, fleuve divin, fertilise et transfigure les âmes: c'est lui qui purifie l'enfant au Baptême, qui monte au front du Pontife pour le sacrer de l'onction de l'Esprit-Saint, lui qui descend des lèvres du prêtre dans la parole de vérité et de vie, semence toujours fructueuse, parce que celui qui la répand est le prêtre immortel. C'est le sang de Marie qui, du calice de l'autel, passe et s'infiltre dans les âmes, hier, aujourd'hui et jusqu'à la fin des temps, gage et germe d'immortalité. C'est donc à juste titre que nous appelons Marie notre vie, *Vita*.

Dulcedo. — Mais la vie ne suffit pas à l'homme. Invinciblement il aspire au bonheur, aux joies de la vie. Il voudrait trouver, sur ce chemin qu'il parcourt, la molle douceur des gazons, l'éclat velouté des fleurs, la suave émanation des parfums; et ses pieds se heurtent aux cailloux d'un abrupte sentier, ses mains se déchirent aux ronces et aux épines, son cœur, surtout, meurtri par tant de douleurs et de regrets, son cœur, dévoré de soifs brûlantes, ne trouve trop souvent, pour se désaltérer, que le fiel et le vinaigre des ingratitudes et des trahisons, tandis qu'au dedans les désillusions l'accablent et les remords le rongent. Qui donc consolera ses tristesses et versera l'huile et le baume sur ses plaies saignantes? A qui irons-nous, pauvres blessés de la vie, sinon à notre mère? Ah! qu'une demeure est triste, fût-elle un palais, quand la mort a rendu vide la place de la mère! Plus d'épanchements intimes, plus de ces longues et délicieuses caresses qui sèchent les larmes, et font refleurir, dans toute leur vigueur, les espérances et les ardeurs de l'âme. Eh bien! cette mère, pour le chrétien, elle est toujours vivante et présente. Cette mère, c'est Marie ! Point de douleurs qu'elle ne soulage. Le malade gémit sur sa couche, si dure à ses membres brisés; Marie l'encourage et il trouve son repos dans la confiance ; — l'affligé pleure à ses pieds, penché sur son sein; et ses larmes qu'elle recueille ne coulent plus de ses yeux qu'embaumées de reconnaissance ; — l'âme tiède rencontre l'ennui et la fatigue dans le sentier où elle se traîne ; Marie excite son indolence, et, toute reconfortée, elle s'élance, joyeuse, vers le but qui l'attire; — la ferveur elle-même a ses défaillances dans le combat; mais un regard vers Marie ranime son élan et rallume la flamme de son enthousiasme ; — que dirai-je ? l'enfant, dont elle guide et soutient les premiers pas, le jeune homme, dans le cœur duquel elle calme les fièvres brûlantes des passions, et, qui, aux ravages de la tempête, sent succéder ce souffle parfumé de la grâce, l'homme fait désenchanté de ses rêves et fatigué de ses combats, le vieillard effrayé de la tombe, sur le bord de laquelle il chancelle, le riche désabusé, le pauvre qui désespère, tous les âges et toutes les situations trouvent à ses pieds la force qui les relève, l'appui qui les soutient, le charme qui tranforme leurs frayeurs en espérances et leurs murmures en bénédictions. — Est-ce tout ? Aucune douceur ne peut être un repos pour notre cœur, si elle n'est assurée.

Spes. — Le présent est nécessairement tourmenté, si l'avenir ne s'ouvre souriant à nos regards. Le trésor de la vie c'est l'espérance. Eh bien ! notre espérance, c'est Marie ! Sans doute encore, elle ne l'est qu'après Dieu, de qui descend tout don parfait. Mais qu'importe, puisqu'elle tient en ses mains et distribue les dons de Dieu? C'est Dieu qui donne, mais Marie nous obtient; c'est Dieu qui est la source, mais Marie est le canal par lequel descend du ciel tout secours et toute espérance. *Spes nostra!* L'espérance de tous : du juste qui s'appuie sur son bras, du pécheur qu'elle relève ; elle est, dit saint Laurent-Justinien, l'espérance des coupables, *spes delinquentium ;* — l'espérance même des désespérés, répond saint Jean Damascène, *spes desperatorum ;* et saint Augustin ne craint pas d'ajouter qu'elle est l'unique espérance de tous ceux qui pèchent, *unica spes peccatorum.* Oui, notre espérance, ô Marie, car vous êtes au ciel et vous êtes notre mère! Où est la place des enfants, sinon dans les bras et sur le cœur de leur mère? Donc, ô Marie, le ciel est à nous. Vous nous y attendez, vous nous y attirez, vous nous y conduirez ; en vous voyant, je m'écrie : le ciel, le ciel est à moi , *spes nostra.*

Le ciel ! que nous en sommes loin ! Mais nous crions vers vous ! *Ad te clamamus, exules filii Evæ!* Et vous nous entendez! Tristes enfants d'Eve, notre mère et notre meurtrière, d'Eve la coupable, d'Eve la désobéissante, d'Eve la révoltée, nous nous jetons à vos pieds, implorant votre pitié et notre délivrance. Délivrez-nous du péché, Vierge sans tache ; délivrez-nous de la désobéissance et de l'insubordination, ô vous qui, au faîte de toutes les grandeurs, n'avez revendiqué d'autre titre que celui de servante du Seigneur ; délivrez-nous de l'orgueil et de la révolte, ô vous la plus humble et la plus docile des créatures! C'est le cri que, de l'abîme de nos misères, nous faisons monter vers vous : *Ad te clamamus!* Eve nous a plongés dans l'ignorance, éclairez-nous ;—dans la faiblesse, fortifiez-nous ;— dans la corruption, guérissez-nous, purifiez-nous ; — dans la fatigue, soulagez-nous ; — dans la faim, nourrissez-nous ; — dans la soif, rafraîchissez-nous ; — dans la maladie, sauvez-nous ; — dans la mort, vivifiez-nous. Abaissez votre regard sur cette vallée des pleurs qui est le lieu de notre exil! Ah! ce mot a-t-il jamais retenti plus vrai et plus douloureux? Le chrétien veut une patrie où la vérité règne, où la vertu puisse s'épanouir sous toutes ses formes et avec toutes ses fécondités. Eh bien! Mère puissante et propice, voyez nos cœurs broyés, écrasés sous tant d'iniques oppressions. Voyez les entraves qui nous lient, les dangers qui nous menacent, les alarmes et les angoisses auxquelles nos âmes sont en proie. Nous, prêtres, fidèles, par nos soupirs, par nos prières, nous vous crions : Au secours! Nos mains levées, nos genoux, nos regards, nos soupirs, nos voix, nos cœurs, tout notre être pousse vers vous ce cri profond, ce cri puissant de détresse et d'espoir : Marie, au secours! *Ad te clamamus.*

Ad te suspiramus in hac lacrymarum valle. Nous ne crions pas seulement; nous soupirons, nous gémissons, dans cette vallée de larmes! N'entendez-vous pas ce long gémissement, cet immense et profond soupir qui retentit à travers les siècles, depuis saint Paul jusqu'à nous, depuis la chute de l'homme jusqu'à la dernière convulsion du globe? Toute créature gémit, nous dit le grand apôtre, *omnis creatura ingemiscit.* Le poëte antique avait vu ces larmes qui sortent, de toutes parts, de la nature blessée, *sunt lacrymæ rerum.* Dans ce magnifique concert de la création, que de notes mélancoliques et tristes! C'est le cri plaintif de l'oiseau poursuivi par le chasseur; c'est le soupir du vent ou les sifflements sinistres de la tempête à travers les forêts; c'est l'éclat terrifiant du tonnerre sur la cime des monts; c'est le mugissement et la fureur de l'Océan soulevé. *Sunt lacrymæ rerum.* Après les larmes de la nature, ce sont les larmes, bien plus tristes, de l'humanité, le cri de son éternelle plainte: vagissement de l'enfant au berceau; murmure impatienté du jeune homme auquel pèse le joug du devoir; soupir étouffé de l'âge mûr, accablé sous le poids du jour et de la chaleur; cris de la mère qui enfante ou qui pleure près d'un berceau vide; cris du riche ou du pauvre, du malade qui souffre ou du moribond qui tremble; cris qui s'échappent de la ville et des villages, des asiles de la souffrance et même des champs de la victoire. Oh! oui, c'est bien ici la vallée des larmes.

Plus haut que ces plaintes et ces douleurs, il y a des cris que l'oreille n'entend pas, mais que le cœur comprend, parce que c'est dans le cœur qu'ils retentissent. Il y a des contradictions, des oublis, des mécomptes et des noirceurs, il y a des luttes morales qui navrent, qui brisent, qui tuent.

O Mère, tous ces meurtris de la lutte et de la vie, ce sont vos fils! Ecoutez la voix de leurs sanglots, le soupir de leur cœur, la supplication de leur faiblesse ou de leur infirmité! Jésus, votre Jésus et le nôtre, a voulu les entendre et, pour y mieux compatir, il a passé au milieu de nous, chargé de toutes nos infirmités, accablé de toutes nos faiblesses, mourant de toutes nos agonies, couronné d'épines, chargé de la croix, le corps déchiré, sanglant, couvert d'un manteau de dérision, devenu l'Homme de douleurs : et il a passé en guérissant les malades et en ressuscitant les morts. Aujourd'hui encore il vit et sans cesse il passe au milieu de nous; il y passe par l'Eglise, il y passe par vous, sa Mère et la nôtre!

Comme lui et avec lui, entendez-nous, exaucez-nous! Au dévouement de la Mère vous unissez la délicatesse sublime de votre cœur virginal. O Mère admirable, ô Vierge clémente et puissante en miracles, guérissez les corps, guérissez, ressuscitez les âmes! Que votre puissance et celle de votre Fils se manifeste et se joue, au milieu de nos misères, comme autrefois la Puissance divine dans l'œuvre de la Création!

Marie, séchez nos larmes! Marie, soulagez toutes nos misères!

Eia ergo, advocata nostra! Vous êtes notre avocate. Dans ce mot, que de grandeurs, et comme je me sens faible pour en montrer la richesse et l'étendue! Vous plaidez pour nous. Oh! avec quelle éloquence irrésistible! L'éloquence de la *mère*! Tout parle, en vous, non seulement vos lèvres, mais l'amour qui brille dans vos regards, la tendresse de vos genoux, le dévouement de vos soins, la flamme qui brûle dans votre sein et dans votre cœur.

Ce n'est pas seulement une mère qui plaide auprès de son fils; c'est une *sainte*, qui plaide auprès de Dieu! *Vox turturis, audita est.* Dieu a entendu la voix de la tourterelle; il l'entend toujours : c'est la voix de la douceur et de la pureté, une voix humble et fidèle, humble et dévouée, la voix de l'âme parée de sa candeur virginale. La colombe mystique, la tourterelle dont la voix est toujours exaucée, c'est vous, Marie. Oh! faites entendre pour nous les accents de votre humilité incomparable, de votre obéissance, les accents irrésistibles de vos vertus, et notre cause est gagnée!

Vous plaidez comme *martyre*! Jésus, dans le ciel, a gardé les cicatrices de ses plaies, éternel mémorial de sa mort et de son amour. Pourquoi? Ah! c'est que, sans cesse, il se fait notre défenseur et notre intercesseur auprès de son Père, et ses blessures sont une voix toujours exaucée : vous aussi, comme Jésus et avec lui, vous faites entendre la voix de vos souffrances, de vos larmes, de votre cœur transpercé de mille glaives! Comme Jésus, faites, faites retentir le cri de vos douleurs, le cri de votre martyre, le cri de votre compassion plus cruelle que la mort! Le mugissement des grandes eaux est moins puissant; car l'immensité de l'océan n'est qu'une image imparfaite de l'immensité de votre douleur! *magna est sicut mare contritio tua.* Votre mort, ai-je dit, n'en avez-vous pas subi les étreintes, reçu le coup au pied de la croix? Saint Bernard compte deux morts : la première, dit-il, chasse du corps l'âme qui s'y attache; la seconde retient dans le corps l'âme qui veut fuir! Oh! Marie, est-ce que votre âme, sur le calvaire, ne s'attachait pas à Jésus? Ne voulait-elle pas s'en aller avec son âme et n'était-ce pas la plus dure des morts d'être séparée de lui, votre vie, votre amour, votre tout? Votre miséricorde est donc toute puissante. Tournez vers nous vos regards, et cela suffit : votre regard, c'est le salut !

Et Jesum ...., nobis, post hoc exilium, ostende. Votre Jésus, source de toute joie, montrez-le-nous ! Oh ! non seulement après cet exil, dans la patrie où il triomphe et règne dans sa gloire ! Non ! Dès maintenant il nous le faut, nous avons besoin de le voir, de le saluer, de le bénir !

A ceux qui détournent de lui leurs regards, aux malheureux qui l'ignorent et l'offensent, aux ingrats qui l'abandonnent, aux forcenés qui le blasphèment, présentez-le ! qu'ils le voient, qu'ils le rencontrent partout sur leur chemin, les bras tendus, le cœur ouvert ! Voyez comme ils l'ont défiguré, pour que le monde s'éloigne de lui, qui seul est le salut ! Que les premiers ils le reconnaissent, ils reviennent à lui, qui a, sans doute, réjoui leur jeunesse et qui, seul, peut leur rendre la dignité de l'âme avec l'espérance ! qu'ils admirent sa doctrine, qu'ils pratiquent sa loi ! qu'ils saluent, qu'ils adorent cette douce et divine figure, cette figure loin de laquelle il n'y a que désordre, que ténèbres et que mort ! *Ostende !*

Ostende ! faites, ô Marie, que nous qui sommes à lui, faites que sous les crachats d'une multitude affolée, sous les blessures que s'acharne à lui porter une prétendue science qui n'est que haine aveugle et injustice délirante, sous la croix plus lourde et plus ignominieuse qu'on lui impose aujourd'hui, sous le sang dont il est inondé et la boue qu'on lui jette, — au sein de la passion qu'on lui fait subir,—nous le reconnaissions, nous le suivions, nous l'aimions, nous le servions toujours. O Marie ! tenez toujours sous nos yeux ses exemples, ses enseignements, son amour, son cœur ! *Ostende !*

O clemens ! ô pia ! ô dulcis Virgo Maria ! Vierge clémente ! dans votre cœur le cœur de Jésus s'est épanché, avec tous les trésors de son indulgence compatissante ! Répandez-les sur nous. *Clemens indigentibus,* dit saint Bernard. Il y a ici des indigents ! Ils reconnaissent, et vous exposez leur dénûment : soyez clémente à leur misère ! *Pia exorantibus !* Ici tous les cœurs vous implorent : soyez favorable à leurs supplications ! *O dulcis diligentibus !* Il y a des cœurs qui vous aiment : soyez douce à leur amour ! *O clemens pœnitentibus !* Il y a des âmes repentantes : soyez clémente à leurs regrets ! *O pia proficientibus !* Il y a des âmes qui avancent et progressent : soyez propice à leurs efforts ! *O dulcis contemplantibus !* Il y a des âmes ferventes qui trouvent leurs délices à vous contempler : faites que, de plus en plus, elles goûtent et savourent votre douceur ! *O clemens liberando !* Vierge clémente, délivrez les captifs ! *O pia largiendo !* Faites éclater votre bonté par vos largesses ! *O dulcis te donando !* Pour douceur suprême, faites-nous don de vous-même : ce sera le ciel dans nos cœurs !

Ô Marie, voyez d'où nous sommes venus jusqu'ici, jusqu'à ce sanctuaire, pour être plus près de vous ! Vous connaissez, vous avez compté les demandes que nous apportons à vos pieds ! Vous savez quelle confiance nous anime ! Ecoutez-nous, plaidez pour nous ! Soyez notre avocate auprès de Dieu ! Accueillez, je vous en conjure, les supplications de ces bien-aimés diocésains, mes enfants et les vôtres ! Ecoutez la prière de ceux qui sont ici ! Ecoutez aussi la prière de ceux qui sont restés là-bas ! Ecoutez la prière de tous ceux que ces pèlerins représentent, de tous ceux qui leur sont chers. Plaidez, avec leur cause, la cause de leurs parents, de leurs enfants, de leurs amis ; la cause de tous ceux qui vous sont fidèles et qui vous aiment ! Mais plaidez aussi, ô Vierge clémente, la cause de ceux qui ne vous aiment pas et qui vous contristent ! Vous n'êtes pas, vous n'exercez pas la justice, vous êtes la miséricorde ! Vous n'avez pas à juger, vous n'avez d'autre fonction que de pardonner et de bénir! Glorifiez-vous en pardonnant, afin qu'un jour, tous, nous puissions vous voir avec Jésus dans les joies du Paradis !

Après le salut solennel donné par Monsieur l'abbé Tirhard, vicaire général, les pèlerins se séparèrent. La journée du mardi était finie. Le lendemain matin, nous les retrouverons à la Grotte.

Le mercredi, les premières lueurs du soleil nous apparurent, couronnant la cime des monts de teintes dorées et joyeuses ; bientôt des fusées de blanches flammes aux reflets d'or inondèrent un ciel sans nuages, d'un bleu pâle transparent à travers une ouate légère : c'était l'annonce d'une journée splendide. Le Midi, qui s'était montré si maussade pour les pèlerins de 1875, nous avait réservé, cette année, ses plus magnifiques splendeurs, qui devaient nous accompagner jusqu'au retour. Le réveil de l'âme se ressentait de cette beauté caressante de la nature : tout, en elle comme autour d'elle, était rayon, parfum, harmonie. N'étions-nous pas sous le charme de la pureté et de la maternelle tendresse de Marie ? Ne sentions-nous pas son sourire effleurer nos cœurs et y répandre l'allégresse avec la confiance ?

Malgré les fatigues de la route, un grand nombre de prêtres et de fidèles avaient passé, en tout ou en grande partie, la nuit en prières soit auprès de la Grotte, soit dans la Basilique, où les messes commencèrent dès minuit à tous les autels de l'église supérieure et de la crypte ; elles devaient se continuer jusqu'à midi, et de même les deux autres jours. Que de grâces la victime sainte immolée ainsi sans cesse dans ce sanctuaire béni, dont l'atmosphère est imprégnée de tant de piété et de ferveur, ne doit-elle pas attirer sur le monde et spécialement sur la France !

C'était dans la Grotte que Monseigneur devait célébrer, à sept heures, la messe de communion générale; presque tous les pèlerins de Coutances y étaient arrivés bien avant le moment fixé : un invincible et indicible attrait entraîne et retient là, près de l'Immaculée, qui n'a pas disparu pour le regard de la foi. Sans le vouloir, sans y penser, on y accourt, on y reste de longues heures, qui coulent insensibles; on y revient, on ne peut s'en arracher, et chaque fois que ce sacrifice, retardé jusqu'à l'extrême limite, s'impose enfin, on éprouve un serrement et un déchirement de cœur que ne peuvent pas comprendre et que taxeraient d'exagération ceux qui ne les ont pas ressentis.

Cependant, moins ému en descendant de la ville, nous voulûmes nous rendre compte des changements considérables qui ont modifié, jusqu'à les rendre méconnaissables, l'aspect des lieux dont nous avions été émerveillé en arrivant. La parole de l'Evangile s'est réalisée à Lourdes, on peut le dire à la lettre : la montagne barrait le passage ou ne laissait qu'un sentier insuffisant à la foi qui vient ici s'épancher et se retremper, la foi a enlevé la montagne ; le Gave resserrait dans un espace où elles étouffaient les foules toujours grossissantes qui viennent prier et bénir Marie, la foi a repoussé au loin le torrent et l'a endigué par la muraille de granit d'un long et magnifique quai, digne des plus grandes villes ; elle a relié par une large voie à la gare les lieux du pèlerinage, où elle veut arriver le plus promptement possible, sans circuit et sans retard ; et dans cet espace créé, nivelé, agrandi par de successifs et prodigieux efforts, une plaine, toute nouvelle par l'emplacement qu'elle occupe et la configuration qu'elle présente, développe sa pelouse verdoyante, autour et au travers de laquelle se déroulent, au milieu des grands arbres et des bosquets, les chemins qui, les uns réservés aux piétons, les autres ouverts aux voitures, mènent de la ville à la grotte, ou de la grotte à la basilique. Sur ce terrain, des monuments nouveaux se sont élevés : ici, près du Gave, un vaste édifice, aux ouvertures ogivales et d'un beau style offre aux pèlerins ses deux immenses salles superposées et que relie un magnifique escalier de granit, en fer à cheval ; — là, à l'extrémité de la prairie, faisant face à la route de la gare, la belle croix des Bretons, digne de figurer à côté des calvaires célèbres de cette province et de symboliser l'inébranlable foi de ses habitants ; — enfin, beaucoup plus rapprochée de la basilique et du chemin de la grotte, à peu près sur l'emplacement qu'occupa pendant plusieurs années la rotonde de M. Henri Lasserre, s'élève la statue de Marie couronnée en 1876, par ordre de Pie IX, au milieu de fêtes splendides, dont le monde catholique n'a pas perdu le souvenir.

La basilique, dont la construction sur l'abrupte déclivité de la montagne bosselée, en cet endroit, d'un mamelon irrégulier et presque inaccessible, avait paru d'abord un problème à peu près insoluble, puis une entreprise et une œuvre prodigieuses, est maintenant séparée des hauteurs qui la surplombent, par une route magnifique, élégamment posée sur un tertre aux pentes douces, plantées de beaux arbres et sur lesquelles serpentent des allées ombreuses. Il n'est guère possible de soupçonner quelle était, il y a douze ou quinze ans, la rudesse sauvage de l'emplacement où elle s'élève et les difficultés qu'avaient à surmonter les ouvriers qui l'édifiaient. La merveille ardue des premiers travaux s'est effacée depuis que des travaux nouveaux ont déblayé et aplani une superficie considérable, naguère encore occupée par le roc aux dures aspérités.

C'est sur ce terrain conquis par la mine et par la pioche des carriers qu'a été bâtie, un peu au-dessus et non loin du chevet de la Basilique, la belle maison des Pères missionnaires.

De l'autre côté du Gave et tout près de ses bords, en face de la Grotte, l'humble prière s'élève d'un couvent de Carmélites et d'un couvent de Bénédictines. Plus loin, mais sur la rive où nous sommes, les Religieuses de l'Immaculée Conception se sont construit un nid presque caché sous le feuillage, comme la violette de nos haies. Enfin, le châlet de Mgr de Tarbes ferme cette ceinture de pieuses demeures qui entourent si bien la roche sanctifiée de Massabielle. Cette roche, dont tout catholique sait maintenant et chante le doux nom, nous l'avions enfin contournée, tout en promenant nos regards sur les beaux lieux qui en forment le cadre, et nous arrivions à la Grotte. Là, quel spectacle, indescriptible comme les autres! Une foule immense, à peu près trois mille pèlerins, silencieux, recueillis, mais dont le visage rayonnant d'amour, dont le regard ardemment et pieusement fixé sur l'image de Marie, peignent les sentiments et racontent l'inexprimable joie. Cette joie chrétienne, pleine, paisible, enivrante et délicieuse, comme elle éclate dans les chants qui s'élèvent au moment où Sa Grandeur commence la messe, sur l'autel d'argent, don royal du Diocèse de Séez! Quelle énergie et quelle émotion vibrent dans les notes de ce *Credo*, affirmation triomphante et action de grâces attendrie, parce que la foi, honneur de l'âme, est avant tout le don de Dieu ! Quelle dévotion, quel ravissement, quelles douces et précieuses larmes parfument ces cantiques eucharistiques, toujours pleins de charmes pour l'âme chrétienne, puisqu'ils lui redisent l'incompréhensible amour de son divin époux, mais qui, là, — mêlés au murmure des eaux, sous le ciel embrasé des flammes clémentes du matin, à l'ombre de cette voûte où, pendant des heures nombreuses, la Reine du ciel s'est abritée et qu'elle a illuminée de rayons auprès desquels les feux du firmament sont une ombre dont l'œil est offusqué, — semblent un écho des hymnes éternels que les Séraphins en extase chantent sans fin à la gloire du Dieu d'amour ! Quels accents inspirés la plus sublime poésie pourra-t-elle jamais trouver qui pénètrent les âmes comme ces simples couplets : *Courbons nos fronts.....*» ou bien : « *Le voici l'Agneau si doux,* » ou enfin « *L'encens divin embaume cet asile.......La paix du ciel habite dans mon cœur ?* » Oh ! oui, cette paix de Dieu, qui surpasse tout sentiment, comme on la respirait, comme elle planait au-dessus de cette foule enivrée des plus pures délices, comme elle se reflétait sur les visages transfigurés !

Pendant deux longues heures, Monseigneur, et, avec lui, deux prêtres, distribuèrent le pain de vie, sans que les voix parussent se lasser, et moins encore la ferveur, qui, visiblement, s'enflammait de plus en plus dans ce contact prolongé avec Jésus et Marie ; et lorsqu'il fallut enfin céder la place aux pèlerins de St-Etienne, un grand nombre de fidèles n'avaient pas encore pu s'approcher de la Table Sainte. Le lendemain, à la messe célébrée par Monseigneur, dans la Basilique, et le vendredi matin, à la Grotte encore, le même concours d'âmes fidèles, avides de Dieu, recommença, au milieu des mêmes élans, du même bonheur, de la même édification. Quels trésors de force chrétienne, de vie divine ont dû recevoir des cœurs si bien disposés !

Dieu et sa Mère daignèrent, dès ce matin même, nous en donner un signe. C'était vers la fin de la cérémonie : tout à coup un mouvement se fait près de la Grotte ; on crie au miracle, et, en effet, un jeune homme, presqu'un enfant, se lève et s'avance vers la grille qui s'ouvre devant lui. Une vive émotion, un frisson religieux a fait tressaillir toute cette immense assemblée : la jambe infirme de cet heureux privilégié s'est sensiblement redressée et raffermie.

Touchés, enthousiasmés de cette faveur, un grand nombre de pèlerins ne consentent pas à s'éloigner de ce théâtre de grâces : écartés de la Grotte, après avoir puisé et bu, avec une foi ravivée, l'eau miraculeuse, abondamment distribuée par plusieurs robinets, ils remontent jusqu'en face des piscines, adossées au rocher et qui bordent le chemin, du côté opposé au Gave ; dans ces piscines descendent à chaque instant des malades dont quelques uns semblent n'avoir qu'un souffle et excitent une particulière compassion. Parmi les plus atteints se distingue un homme, jeune encore, à la pâleur de marbre, amaigri, sans mouvement, qui, depuis de longues années, dix-sept ans, nous dit-on, est étendu sur un lit de douleurs, atteint d'une maladie de la moelle épinière. Aussi, quels appels à la puissance de Marie s'élèvent de tous les cœurs et de toutes les lèvres en sa faveur ! Et voilà qu'au bout de quelques minutes il sort, debout, appuyé sur les bras de plusieurs pèlerins d'Avignon, avec lesquels il est venu. La guérison n'est pas complète, mais il marche, il espère, il bénit Notre-Dame de Lourdes et se rend à la Grotte ; les prières en sa faveur redoublent plus ferventes et plus pressantes ; au bout de quelques instants un mieux de plus en plus sensible se déclare et cet heureux miraculé sort, et cette fois marchant seul, sans appui, se dirige vers une voiture dans laquelle il monte de lui-même sans le secours de personne, à plus de deux cents pas de distance. Le lendemain, nous ont affirmé un grand nombre de pèlerins, la maladie incurable avait disparu tout à fait.

Piscines de Lourdes, sources de tant de prodiges, qui s'étonnerait, après de tels faits, de voir la prière vous assiéger sans cesse, vous assaillir de ses chocs les plus impétueux, en lançant jusqu'au cœur de Jésus, à travers le cœur de Marie, ses traits les plus aiguisés et les plus irrésistibles ? C'est là que l'on voit, par centaines, des hommes, des femmes, des jeunes gens, des prêtres se prosterner, baiser la poussière et, pendant des heures, les bras en croix, d'une voix dont on ne saurait rendre le déchirant accent, multiplier les rosaires, les litanies, les cantiques, les invocations, les supplications, toutes ces importunités et ces violences que l'Evangile recommande et qui, toujours, de quelque manière, sont exaucées ! Que je ne vous quitte pas sans saluer à travers vos murailles, qui les dérobent à l'admiration, ces *baigneurs* et ces *baigneuses*, qui, pendant des mois, s'enferment à longs jours, prodiguant à tous les malades, à tous les infirmes, sans distinction, sans répugnance, leurs soins, leur dévouement, leurs délicates et affectueuses prévenances et laissent ignorer à ces membres souffrants de Jésus que les mains, qui les servent et les pansent si doucement, brillent parmi les plus nobles du monde et sont, parfois, des mains presque royales. Mais surtout, ô Jésus, laissez-moi vous bénir d'avoir montré à ces heureuses âmes que la meilleure gloire et le privilège le plus enviable est de vous servir dans l'abaissement, le renoncement et le sacrifice !

Tandis que les pèlerins se livraient ainsi aux inspirations de leur piété, Monseigneur consacrait, dans la crypte, deux autels placés de chaque côté du portail. Celui qui occupe la droite a été offert par le diocèse de Coutances et dédié à saint Michel et à toute la Milice céleste ; — celui qui est à gauche, don du diocèse de Bayeux, est dédié à saint Gabriel et aux Anges gardiens. L'un et l'autre se trouvent ainsi sous le péristyle, orné, lui aussi, d'une statue de saint Michel, dans la partie qui correspond au nouvel autel décoré du même vocable : désormais, les pèlerins, qu'ils entrent dans l'église inférieure ou dans l'église supérieure, rencontreront d'abord l'Archange du Mont-Tombe, protecteur de l'Eglise et de la France, et le diocèse de Coutances.

La consécration, commencée à neuf heures, était à peine terminée à midi. Ce n'est pas ici le lieu d'indiquer en détail ces longues et mystiques cérémonies, où la prière épuise toutes ses formules, tous ses appels les plus pressants et les plus solennels, où l'Eglise réunit tous les moyens et tous les signes de sanctification qu'elle possède dans les trésors de son culte, si riche et si varié.

Un petit nombre seulement de prêtres et de laïques assistèrent à cette dédicace ; mais tous purent voir, ce jour-là ou le lendemain, les autels qui en avaient été l'objet. On fut heureux de les trouver dignes de la Basilique, où ils sont si honorablement placés, et des Diocèses qu'ils y représentent. L'autel Saint Michel est en pierre de Caen, artistement travaillée. La large arcade qui s'ouvre en avant et au milieu du tombeau nous montre saint Michel, qui, abaissant son vol, touche à la tête saint Aubert endormi et lui indique du doigt la cime du mont où il veut être honoré ; deux arcades, moins larges, forment une double niche pour les statues de saint Aubert et de saint Lo, l'un et l'autre portant dans leurs mains un temple qu'ils offrent à Dieu. Des colonnettes de marbre vert et de marbre grenat séparent ces arcatures. Au-dessus du rétable se dresse la statue de saint Michel, aux ailes éployées, ayant sous ses pieds les armes de Monseigneur Germain ; dans les deux fenêtres en grisaille ouvertes de chaque côté, derrière l'autel, de même que sous les pieds de saint Lo et de saint Aubert, on remarque les armes de Coutances et d'Avranches. Enfin on lit les deux inscriptions suivantes, la première du côté de l'épître, la seconde du côté de l'évangile, sur la muraille du fond : *Ecclesia Constantiensis et Abrincensis dedicavit, anno* MDCCCLXXXI — *Beato Michaeli Archangelo et Militiæ cœlesti.*

L'autel Saint Gabriel est en marbre. Le sujet du milieu est l'Annonciation ; du reste, sauf la matière et les personnages, il ressemble en tout à celui que nous venons de décrire.

La matinée s'était écoulée au milieu de ces émotions et l'après-midi ne nous en réservait pas de moins pénétrantes. A deux heures et demie, nous étions réunis de nouveau à la Grotte, Monseigneur devait y présider des Vêpres solennelles ; mais, pour laisser plus tôt l'accès libre aux autres pèlerinages, parmi lesquels j'ai oublié de citer celui de Béziers, il fallut nous contenter du chant d'un cantique et du *Magnificat*; puis M. l'Archiprêtre de Mortain donna le salut. Quel pèlerin de Lourdes pourrait oublier l'impression ressentie à ce moment? La liturgie a prêté à ses adorations ces hymnes dont le génie et la sainteté ont fait l'expression la plus parfaite de la foi qui aime et de l'amour qui contemple! Tout à coup, sur ces trois mille âmes frémissantes, un silence a passé, comme un souffle du ciel, inclinant tous les fronts : au fond de la Grotte, au-dessous de l'image qui marque la place où Marie apparut, le célébrant a pris dans ses mains l'ostensoir d'or dont le soleil tire des étincelles, et l'hostie rayonne, répandant sur nous le torrent de ses grâces. Mais ici, nous ne sommes pas dans l'enceinte d'un temple plus ou moins étroit : le cadre est sans limites ; le sanctuaire, c'est l'espace sans bornes, et l'infinie bénédiction de Jésus, passant par dessus les fleuves et les montagnes, n'enveloppe-t-elle pas la France, l'Eglise, la terre entière et l'immensité? Et, si Dieu bénit ainsi, pourquoi craindre? qui donc pourrait lancer une malédiction égale en puissance à la bénédiction de Dieu ?

A ce moment précis, une nouvelle joie nous arrivait avec une nouvelle faveur : le Vicaire de Jésus-Christ répondait, par le télégraphe, aux sollicitations de Monseigneur et bénissait aussi, de sa prison du Vatican, le Pontife, les Prêtres, tous les pèlerins, toutes leurs familles, tous leurs amis et tout le diocèse de Coutances.

Pour comble de joie, la Grotte fut ouverte au public et tous purent en passant, baiser le rocher qui a servi de trône à Marie et y faire toucher les objets de piété qu'ils avaient entre les mains.

La seconde cérémonie publique était finie et il était temps de se préparer pour la grande réunion du soir, à laquelle nous arrivons enfin.

Les trois pèlerinages de Coutances, de St-Etienne et d'Avignon sont réunis ; ils remplissent de leurs rangs pressés tout l'espace qui s'étend entre la Grotte et le Gave et débordent des deux côtés; tous tiennent entre leurs mains des cierges allumés, dont la flamme est protégée contre le souffle du vent par des transparents en papier bleu et blanc, ornés d'emblèmes et d'inscriptions en l'honneur de la Sainte Vierge. A certaine distance, c'est une nappe étincelante de lumière, un éblouissant mirage, un étang fantastique dont les vagues de feu, ondoyantes et légères, submergent dans leurs limpides et mobiles splendeurs tout ce peuple transfiguré et qui apparaît comme une phalange de fantômes aériens ou plutôt de corps spiritualisés et déjà revêtus des gloires de la Résurrection. La Grotte, éclairée et fouillée par le reflet de ces milliers de cierges, se détache, sombre, et s'ouvre béante et profonde, sur ce fond lumineux. Au-dessus de nos têtes, les vives clartés du gaz couronnent les murs d'enceinte, qui enveloppent la Basilique, à sa base, d'un cordon de feu, du milieu duquel le noble édifice s'élève, svelte et gracieux comme un rêve de Fiesole, avec ses lignes et ses contours vaguement ombrés et teintés de nuances changeantes, de chatoyantes traînées, de lueurs vacillantes, et trempés mollement dans ce bain de lumière mobile et diaphane. Les arbres, les édifices, les collines de la rive opposée noient leurs ombres d'un gris pâle dans les blanches vapeurs du soir.

Toutes les âmes, sans qu'elles y songent, se pénètrent de cette beauté, de cette paix de la nature, et, sous leurs douces influences, s'élèvent, d'un vol plus rapide, sur les ailes du souvenir et de la prière, jusqu'au trône de Dieu. Déjà elles y étaient, plongées dans l'atmosphère du monde surnaturel, lorsque Monseigneur Germain vint élargir notre horizon et ouvrir devant nos regards de nouvelles et plus profondes perspectives. Que ne pouvons-nous faire revivre l'action puissante de l'orateur, les jets enflammés qui s'échappaient de son âme et tout ce mouvement irrésistible qui saisit l'auditeur, l'arrache à lui-même et l'emporte haletant sur les hauteurs où habitent la lumière et la vertu de Dieu ! Voici, du moins, les membres épars de son discours.

A cette heure, en ces lieux bénis, un cri s'échappe, jaillit spontanément de mes lèvres ; le pousser du fond de mon cœur, le faire retentir bien haut au milieu de vous, c'est un devoir, c'est un besoin de mon âme, sûre d'être l'écho de toutes vos âmes : et ce cri, c'est le cri de la reconnaissance.

O Lourdes, terre privilégiée, ô grotte vénérable, ô sanctuaire consacré par la présence de Marie, ô rocher qui avez tressailli sous son pied virginal, au souffle de sa parole, ô colline dix-huit fois embaumée du parfum de celle que l'Eglise appelle si bien la rose mystique, quelle place vous occupez dans le monde chrétien! quelle admiration vous provoquez! quelle confiance vous inspirez ! C'est que vous êtes le trône que la Vierge Immaculée s'est choisi, le point de rencontre entre le ciel et la terre. Ici comme au ciel vous régnez en souveraine.

Du haut de votre trône céleste vous recevez les hommages des anges et des saints ; de votre trône de Massabielle vous recevez les hommages du monde entier : les prières de ceux qui souffrent, les prières des justes et des pécheurs, des forts et des faibles, des petits et des grands. Que de cœurs viennent ici verser leurs larmes et leurs soupirs, leurs besoins et leurs misères ! Que d'infortunes crient ici, comme autrefois, en Judée, sur les pas du Sauveur : Rendez-nous, à moi la vue, à moi l'ouïe, à moi la parole, à chacun le secours ou le soulagement qu'il implore ! C'est qu'à Lourdes Marie tient les grandes assises de sa miséricorde, c'est que Lourdes est le théâtre où éclatent ses bienfaits.

Que nos louanges s'élèvent et se multiplient pour y répondre. *De Maria nunquam satis :* jamais, a dit un saint, nous ne parlerons assez de Marie. Ses grandeurs sont ineffables comme ses bontés. Ne nous lassons donc pas de la célébrer. Hier nous parlions de ses miséricordes ; ce soir, nous parlerons de sa puissance.

C'est une tâche bien douce à mon cœur d'Evêque de louer la Vierge Immaculée en présence de ces trois pèlerinages accourus à ses pieds, de Coutances, de St-Etienne et d'Avignon ; d'Avignon, dis-je, dont l'Eglise est unie à l'Eglise de Coutances par les liens d'une commune piété envers Marie, d'un même attachement au Souverain Pontife, et par les liens plus intimes et plus fraternellement affectueux qu'un illustre et bien-aimé Frère établit entre le diocèse qui a eu l'honneur de lui donner naissance et celui qu'il dirige avec tant de sagesse, tant de prudence et tant de dévouement, et dans lequel, je suis heureux de le constater, il recueille de si profondes et de si universelles sympathies.

La puissance de Marie devra nous apparaître en traits éclatants dans l'*évangile*, dans la *théologie* et dans l'*histoire*.

Dans l'évangile : il suffit, en effet, de l'ouvrir, pour y voir resplendir toutes les gloires de la Sainte Vierge. Que nos frères séparés se trompent et s'aveuglent étrangement, à ce sujet ! Ils nous demandent et nous défient de trouver, dans les paroles inspirées par l'Esprit-Saint, un éloge de la Mère de Dieu. Eh bien ! c'est sur quatre textes évangéliques que je vais poser, comme sur un fondement inébranlable, le trône de sa grandeur et de son royal pouvoir.

Voici le premier : *Maria de qua natus est Jesus*, Marie, de qui Jésus est né ! Est-ce que cette simple phrase n'est pas comme un coup d'aile magnifique qui prend Marie dans les profondeurs de son humilité, — *respexit humilitatem ancillæ suæ*, — et la transporte jusqu'aux pieds du trône de Dieu ? Mère de Jésus, le Fils de Dieu, le Verbe éternel, Dieu comme son Père ! Trouvez donc, au ciel ou sur la terre, une dignité qui ne s'efface pas, qui ne disparaisse pas auprès de celle-là !

On l'a dit excellemment : Nous ne sommes en vérité que ce que nous sommes par rapport à Dieu. Eh bien ! cherchez, entre Dieu et une créature, des relations que l'on puisse rapprocher des relations qui unissent le Fils à sa Mère. Parcourons du regard toutes les cimes qui brillent à la lumière de la Foi. Au sommet de l'Eglise, c'est le Souverain Pontife : il n'est que le Vicaire de Jésus. Que sont tous les saints ? Ses serviteurs. Que sont les vierges ? Ses épouses. Que sont les Apôtres ? Ses envoyés, tout au plus ses amis. Que furent les prophètes ? Ses précurseurs. **Les rois ?** Ses ancêtres. Que sont les Anges ? Ses messagers et ses adorateurs. Et Marie, c'est sa mère! Sa place est unique dans les Cieux. Son trône touche au trône du Très-Haut. Ah! n'allez donc plus me parler d'aucune grandeur! Dieu seul est grand, s'écrie Bossuet; Dieu seul est grand, et Marie est sa mère!

Mère de Jésus! mais ce mot épuise, en vérité, la puissance du Tout-Puissant. Il pouvait, il peut toujours jeter dans l'espace des mondes plus riches, plus merveilleux, plus resplendissants que le nôtre. Il pouvait multiplier jusqu'à l'infini l'armée des astres et les phalanges célestes, inonder de plus de lumière, embraser de flammes plus ardentes les purs esprits qui le contemplent et l'adorent; mais pouvait-il faire de Marie plus que sa mère? Non, non, nous répond saint Bonaventure; c'est le dernier effort, le dernier terme de la puissance de Dieu. La maternité divine! mais n'est-ce pas l'œuvre même de la vertu du Très-Haut : *virtus altissimi obumbrabit tibi?* Je ne m'en étonne pas. Marie, mère de Dieu, qu'est-ce encore à dire? C'est-à-dire qu'elle peut adresser à Jésus, avec une vérité égale sinon supérieure, ces paroles du premier homme à sa compagne : vous êtes l'os de mes os et la chair de ma chair, le sang de mon sang et la vie de ma vie. La chair de Jésus, c'est la chair de Marie, nous dit saint Augustin.

Marie, mère de Dieu! Ah! que la parole fasse silence, que l'intelligence recule éblouie devant ce mystère! Ou plutôt que l'âme humaine, continue saint Anselme, attache, sur cette grandeur d'où l'espérance descend, son regard ravi; qu'elle contemple et qu'elle s'abîme, dans la stupeur de l'admiration et de l'amour : *Intendat mens humana, contempletur et stupeat!*

Marie, mère de Dieu! Ecoutez encore. Un jour, dans Athènes, la ville éloquente et savante, les princes de la parole, les maîtres dans l'art de bien dire se trouvaient réunis pour un concours qui avait excité l'émulation de tous. Le sujet était l'éloge de Philippe de Macédoine. Chacun des concurrents s'était efforcé d'enchérir sur les autres, par l'abondance et l'ampleur de ses louanges et de ses hyperboles, quand l'un d'eux se lève et dit : Les longues périodes sont inutiles ici, et, pour immortaliser notre héros, je propose de graver sur le marbre deux mots seulement : Philippe, père d'Alexandre. D'unanimes et enthousiastes acclamations décernèrent le prix à ce court et simple panégyrique. Qu'est-ce que Philippe et Alexandre? Mais nous, chrétiens, nous verrons toujours briller, sous les pieds de Marie, ces mots divins : *Maria de qua natus est Jesus*, Marie, mère de Dieu. Et ne voyez-vous pas que, par ce titre, elle possède la puissance même de Dieu? Vous en faut-il une preuve nouvelle? Ecoutez encore l'évangile : *et erat subditus illis* : Jésus leur était soumis ; Jésus obéissait à Marie.

Je regarde autour de moi, en haut, en bas, partout. Que vois-je? en bas, je vois bien des soumissions, bien des abaissements, bien des platitudes. Que d'âmes qui rampent dans l'abjection d'une servitude que ne relève et n'ennoblit ni le respect ni le dévouement! C'est l'esclavage. En haut, j'aperçois des hommes dont le sceptre ou le génie, ou l'ascendant, gouvernent les multitudes. Dans la longue suite des siècles que l'histoire déroule devant mes yeux, je vois passer des conquérants, des potentats, des souverains à la puissance colossale devant lesquels le monde se tait, tremblant et dompté. Que font-ils, cependant? Ils commandent à des hommes, leurs semblables, proie prochaine, comme eux, de la mort et de la tombe. C'est une poussière qui s'élève au-dessus d'autres poussières. — Nous allons à Nazareth! Regardez dans cette pauvre et chétive chaumière. Ah! c'est là que s'exerce la plus grande, la plus étonnante des puissances qui ait jamais paru au ciel et sur la terre. C'est là qu'une femme commande à un Dieu! *Et erat subditus illis!* Inclinons nos fronts et nos cœurs et taisons-nous. Comment-

exprimer, en effet, le double étonnement qui nous saisit à la vue du Créateur qui obéit et de la Créature qui commande? Choisis, dit saint Bernard, ce que tu dois admirer davantage ou de la soumission du Fils ou de la souveraine dignité de la Mère. Des deux côtés, le prodige est égal, l'admiration a même matière : dans les assujettissements de Dieu à une femme, j'adore un abaissement sans exemple ; dans l'ascendant d'une femme sur Dieu, je contemple et je salue une puissance et une grandeur sans rivales.

Voulez-vous une autre parole? Jésus et Marie sont aux noces de Cana ; tout à coup la confusion a monté au front des deux époux : ils vont subir une humiliation devant les convives du festin. Mais non. Marie veille, attentive et sensible à toutes les inquiétudes qui peuvent atteindre et troubler les cœurs. Elle se penche vers Jésus et lui dit un mot : *Vinum non habent*, ils n'ont pas de vin. Ce mot suffit. La puissance divine se rend à cette prière, et le premier miracle du Sauveur apprend au monde quel est le pouvoir de sa mère.

O Marie, exercez cette puissance. Plus que jamais, aujourd'hui, le monde en a besoin. Ah ! il y a des noces encore à cette heure, des noces où vous n'êtes pas conviée. Dans ces noces sacrilèges, ils n'ont pas de vin, *Vinum non habent*.

Il y a les noces de la fausse science. Là, dans le délire de son orgueil, dans l'orgie de ses prétentions insensées et de ses audacieuses affirmations, la pauvre raison humaine se vante d'embrasser, de sonder, d'expliquer toutes choses. Tristes aveugles! Ils n'ont pas de vin. *Vinum non habent!* Ils n'ont que l'eau troublée de leurs systèmes et de leurs illusions. O Marie, obtenez-leur le vin de la vérité, le vin de la foi qui fortifie l'intelligence, afin qu'ils reconnaissent et adorent le grand Dieu créateur, qui se manifeste si clairement dans ses œuvres.

Il y a les noces de la haine, avec ses emportements et ses

sauvages fureurs. N'entendez-vous pas leurs blasphèmes pleins de rage, leurs cris affolés de destruction et de mort? *Vinum non habent.* O Marie, demandez pour eux le vin de la modération, dela sagesse et de la justice.

Il y a les noces du plaisir. Là, toutes les fraîcheurs, toutes les délicatesses, toutes les vigueurs de l'âme tombent, fanées, flétries, dans l'atmosphère empestée de la débauche. Pauvres jeunes gens ! ils se croient forts, ils ne sont que faibles. Ils manquent du *vin* de la générosité, du courage, du sacrifice.

D'un mot qui résume tout, il y a les noces du vice, sous quelque forme qu'elles se produisent. Ce sont toujours les noces de la faiblesse et de la misère; toujours ce qui manque, c'est le vin fortifiant, le vin qui raffermit et réjouit les cœurs, le vin céleste de la grâce. O Marie, donnez-nous ce vin précieux et généreux : le vin de la vertu, le vin de l'amour infini, le vin de la charité divine. C'est un miracle, le plus grand de tous ; mais il n'est pas au-dessus de votre puissance. C'est le monde à changer; mais, à votre prière, Jésus a changé l'eau en vin. Nous nous emparons de ce signe, comme d'une promesse, comme d'une espérance ! Ah! dites-lui, répétez-lui, à ce Dieu sauveur, qui toujours vous entend, dites-lui de nous cette parole compatissante et suppliante : *vinum non habent*, et les cœurs seront transformés. Nous ne le méritons pas, mais qu'importent à votre miséricorde nos ingratitudes? Elles peuvent inonder votre cœur d'affliction ; elles ne peuvent éteindre votre amour: *aquæ multæ non potuerunt extinguere charitatem.* C'est pourquoi nous vous dirons avec confiance : changez, changez nos tribulations en joies, nos craintes en espérances, nos épreuves en triomphes.

Oui, Marie a ce pouvoir, — elle l'a de droit, car elle l'a payé cher ! Que dit encore l'évangile? *Stabat mater!* deux mots seulement, mais quelle portée n'ont-ils pas? Nous sommes au Calvaire! La croix est dressée, la croix sur laquelle Dieu paie de son sang la rançon de l'homme. Aux pieds de cette croix, une femme est restée supportant, bravant tout ce que vous pouvez imaginer d'angoisses, d'insultes, de douleurs ! C'est sa mère et elle est debout ! *Stabat mater* ! Et que faisait-elle là, à cette heure d'agonie ? Elle consommait sa mission. N'était-ce pas elle qui avait procuré la victime ? Ne l'avait-elle pas formée dans son sein, du plus pur de son sang ? Ne l'avait-elle pas nourrie de son lait virginal ? Ne lui avait-elle pas prodigué tous les soins de son amour maternel ? Mais ce n'était rien de l'avoir produite de sa substance. Il fallait, au sacrifice, le concours de sa volonté. Si la victime est prêtre, Marie est prêtresse pour offrir l'holocauste. Elle est au pied de la croix pour unir à l'offrande que le Fils de Dieu fait de lui-même à son Père, son propre consentement ; pour sanctionner, par sa présence, l'immolation qui nous sauve ; pour présenter l'Hostie qui nous vient d'elle et qui lui appartient à tant de titres ; et si Dieu le Père, nous dit saint Anselme, eût exigé qu'elle levât la main pour frapper la victime, elle n'eût point reculé. Sa main obéissante aurait plongé le glaive dans le cœur de son Jésus.

Elle a fourni, elle a donné le sang qui a désarmé la colère de Dieu, qui a désarmé sa justice. C'est l'héroïsme de l'amour. *Sic Deus dilexit mundum ut filium suum unigenitum daret* ! Dieu a aimé le monde jusqu'à lui donner son Fils unique. Ces paroles s'appliquent également à Marie. Quelle puissance n'a-t-elle donc pas sur le cœur de Dieu ? N'a-t-elle pas, en quelque sorte, le droit de disposer des trésors de la Rédemption et du sang de Jésus ? Mais ce sang, c'est la puissance et l'efficacité infinies. L'Evangile nous en montre toutes les énergies entre les mains de la Sainte Vierge ; écoutons maintenant l'enseignement de la théologie.

Cet enseignement peut se résumer par un parallèle entre le Fils et la Mère.

Il fallait à Jésus-Christ une mère digne de lui, par conséquent une mère surhumaine, une mère presque divine, puisqu'il y a impossibilité d'unir ces deux termes : être mère et être Dieu. Pour tout concilier, qu'a fait Jésus? Il a fait sa mère si grande, si élevée, si sublime, qu'elle peut lui être comparée : il l'a faite par privilège ce qu'il est par nature. Ecoutez plutôt.

Jésus, dans l'éternité, est la pensée substantielle du Père. Et Marie? Suivez l'Eglise, mes frères, dans l'office de ce jour, et entendez les paroles qu'elle prête à la Vierge Immaculée. *Ab initio et ante sæcula creata sum. Ante colles ego parturiebar.* J'ai été créée dès le commencement et avant tous les siècles. Dieu me portait dans les entrailles de sa pensée avant les collines et les montagnes. Avant que la terre fût posée sur ses fondements, avant que les fleuves fussent sortis de leur source, j'étais devant lui et avec lui, je figurais dans ses conseils, et il réglait le plan, il déroulait les harmonies de toutes ses œuvres dans un merveilleux et délicieux accord avec moi : *cum eo eram cuncta componens.*

Jésus est la splendeur du Père, la candeur de la lumière éternelle. Et Marie? Marie, c'est l'Immaculée Conception, la colombe très pure, toute belle et sans aucune tache : *tota pulchra es et macula non est in te.* Elle est plus radieuse que le soleil, dit un Père, et plus pure que la lumière du jour : *speciosior sole et luci comparata invenitur purior.*

Jésus se fait homme. Qui lui donne son corps? Marie. C'est le même sang, la même chair. Où trouver une ressemblance plus parfaite qu'entre le fils et la mère?

Jésus est la sainteté même : *Sanctus, innocens, impollutus, segregatus a peccatoribus et excelsior cœlis factus.* Son absolue et infinie sainteté le sépare des pécheurs et l'élève au-dessus des cieux, nous dit saint Paul. Marie est pleine d'une grâce que rien n'altère ni ne ternit ; immaculée dans sa vie, comme dans sa conception, bénie entre toutes les femmes, elle est, s'écrie saint Germain, plus sainte que les saints et plus élevée que les cieux : *Gratia plena, benedicta..... in mulieribus; — sanctis sanctior et cœlis excelsior.*

Jésus, dans sa passion, verse son sang pour le salut du monde. Marie, associée à l'œuvre rédemptrice, verse, dans sa compassion, ses larmes et ses douleurs, elle verse le sang du cœur.

Jésus triomphe de la mort, dont il rompt les liens et brise l'aiguillon. O mort, où est ta victoire? *Ubi est mors, victoria tua ?* Marie, à son tour, s'élance, libre et glorieuse, de la prison du tombeau, sans en avoir subi les outrages. D'elle aussi nous pouvons répéter : *non dabis sanctum tuum videre corruptionem.* Votre corps très-pur, ô Marie, reste incorruptible et les anges le portent au ciel en triomphe.

Là vous rejoignez votre Jésus qui vous embrasse d'une étreinte éternelle, et vous couronne Reine, parce qu'il est Roi. Son trône est à la droite du Père; votre trône, ô Marie, est à la droite de Jésus. Et la terre, comme les cieux, ne peut séparer dans son souvenir la pensée, dans son cœur l'amour, sur ses lèvres les noms bénis de Jésus et de Marie. Comment le pourrions-nous? Est-ce que jamais notre reconnaissance, nos prières, nos espérances peuvent aller au Fils sans rencontrer la Mère ? — Jésus nous a ouvert le ciel; Marie en est la porte, *janua cœli.* — Jésus, auprès de son Père, ne cesse d'intercéder pour nous ; Marie est, auprès de Jésus, notre avocate et notre médiatrice. — Jésus est l'auteur de la grâce ; Marie la distribue. Que dis-je? Mère du Sauveur qui est la grâce même, la grâce vivante et infinie, Marie est la mère de la grâce, *mater gratiæ.* — Jésus a reçu de son Père toute puissance au ciel et sur la terre; et Marie aussi est toute puissante. Elle est la toute puissance suppliante, parce que son Fils est la toute puissance créatrice : une mère aux pieds de son fils peut obtenir tout ce qu'il peut accorder. Aussi, comme tout genou, au nom de Jésus, fléchit au ciel, sur la terre et dans les enfers, au nom de Marie, tout s'incline : l'ange au ciel, pour la bénir, l'homme sur la terre, pour l'invoquer, et jusqu'au fond des abîmes les démons courbés et tremblants sous son pied vainqueur.

Ce parallèle, qui se prolonge, nous venons de le voir, de l'éternité à l'éternité, embrassant dans sa double étreinte toute l'œuvre de Dieu, ce parallèle est d'une vérité si exacte et si frappante que l'Eglise nous le présente et dans toutes les invocations qu'elle adresse, et dans toutes les fêtes qu'elle consacre au Fils et à la Mère.

Les invocations. Ecoutez-en quelques unes après celles que la suite des idées a déjà amenées sur mes lèvres. Et d'abord l'Eglise adresse comme un salut particulièrement agréable, comme un titre cher entre tous au Fils et à la Mère, cette appellation même qui rend hommage à leur mutuel amour : Jésus, fils de Marie ; Marie, mère de Jésus. *Jesu, fili Mariæ Virginis; Mater Christi*. Et maintenant entendez-vous retentir ces cris qui se répondent si bien : Jésus, roi de gloire ! La gloire de Dieu, c'est sa sainteté ; il est le Saint des Saints. Marie, Vierge très pure, très chaste, sans tache et sans corruption ! — Jésus aimable, admirable, tout-puissant ! Marie, Mère aimable, Mère admirable, Vierge puissante ! — Jésus, soleil de justice, vraie lumière, exemplaire de toutes les vertus ! Marie, étoile du matin, miroir de justice, vase insigne de dévotion ! — Jésus, sagesse éternelle, Ange du grand conseil ! Marie, siège de la sagesse, Vierge très prudente ! — Jésus, notre refuge ! Marie, refuge des pécheurs ! Notre refuge, refuge des pécheurs : c'est bien nous toujours. — Jésus, bonté infinie ! Marie, cause de notre joie ! — Jésus, Dieu de paix ! Marie arche d'alliance ! — Jésus, enfin, car il faut finir, Jésus, père des pauvres, trésor des fidèles, Jésus, bon Pasteur !

Appels redoublés de toutes les misères à toutes les miséricordes. Ecoutez-en l'écho. Marie, salut des infirmes, consolatrice des affligés, secours des chrétiens ! N'est-ce pas la même confiance, ne sont-ce pas les mêmes supplications qui montent incessamment vers le Fils et vers la Mère, au Fils pour qu'il exauce, à la Mère pour qu'elle obtienne ?

Et maintenant, parcourons, mais plus rapidement encore, le cycle des fêtes par lesquelles l'Eglise célèbre la mémoire des faits et des mystères de la vie du Sauveur et de la vie de la Très-Sainte Vierge. Ici, toujours, quelle frappante et merveilleuse correspondance ! Jésus a la fête de sa Nativité ; Marie a la sienne. — Il y a la Présentation de Jésus au temple et la Présentation de Marie. — Il y a les fêtes du saint Nom de Jésus et du Saint Nom de Marie, — du Sacré-Cœur de Jésus et du très pur Cœur de Marie. — Si Jésus a sa passion, Marie a sa compassion, — et l'Assomption de la Mère est le reflet et le complément de l'Ascension du Fils.

Laissez-moi donc associer dans mon cœur, dans mes louanges, dans ma confiance et mon amour, ces deux noms bénis, qui, partout, m'apparaissent inséparables : dans le plan divin d'où est sorti le monde, dans l'œuvre de la Rédemption, à la Crèche et au Calvaire, dans les prières de l'Eglise et dans les cantiques des Anges, dans la douleur et dans le triomphe, sur la terre et au plus haut des cieux, dans le temps et dans l'éternité.

De ces hauteurs où la théologie nous a conduits pour nous y révéler les secrets de Dieu, si nous descendons dans les champs de l'histoire, la puissance de Marie va continuer de nous apparaître, signalée, sur tous les terrains et le long de tous les siècles, par des prodiges et des bienfaits.

Déployons avant tout les annales de l'Eglise. Mais, en les parcourant, il faudrait s'arrêter à chaque pas. Partout et sans cesse son nom retentit, sa protection est implorée ; et il n'y a pas une victoire remportée, un obstacle renversé, un péril évité, une alarme dissipée, une faveur obtenue, dont on ne lui rende grâces, et de toutes parts, depuis les Apôtres jusqu'à nous, je vois s'élever en son honneur des temples, des autels, des sanctuaires, des statues sans nombre, monuments de la reconnaissance des générations qui s'écoulent ouverts à la confiance des générations qui leur succèdent. Rappelons seulement quelques souvenirs.

C'est à Rome. La peste sévit, terrible, implacable, semant avec la mort la désolation, la terreur, le désespoir. Tous les courages sont abattus. Seul, le Pape, saint Grégoire-le-Grand, élève son âme et sa foi à la hauteur du fléau. C'est que le Pape a mis sa confiance en Marie. Par ses ordres, une procession, qu'il préside, parcourt les rues de la ville désolée. Le Pontife porte dans ses mains vénérables et suppliantes l'antique image de la Vierge due au pinceau de saint Luc. Tout à coup la marche s'arrête, les supplications s'interrompent : un Ange vient d'apparaître sur le môle d'Adrien, remettant au fourreau le glaive exterminateur. Les cieux entonnent et apprennent à la terre le *Regina cœli, lætare*, hymne de triomphe à laquelle saint Grégoire répond par l'invocation qui, pour nous, la termine : *Ora pro nobis Deum, alleluia!* Dès cet instant la contagion est vaincue, Rome est délivrée, et Marie a prouvé, par un exemple à jamais mémorable, qu'elle peut sauver les corps de la maladie : *Salus infirmorum*.

Elle ne se montrera pas moins puissante pour arrêter le glaive de la persécution.

Dès les catacombes, est-ce que son image, peinte sur toutes les murailles, ne rayonnait pas sur les assemblées des fidèles comme un signe d'espérance et un gage de protection? Est-ce qu'au milieu de cette ère des martyrs nous ne voyons pas les fidèles et les Pontifes recourir à elle et lui attribuer tantôt le calme qui succède à la tempête, tantôt les victoires du sein desquelles les héros de la primitive Eglise s'élevaient à l'immortalité, empourprés de leur sang et tenant en main la palme du sacrifice?

Plus tard, à l'époque chevaleresque des croisades, est-ce que vous ne voyez pas le nom, l'image de Marie briller sur les bannières des conquérants du Saint Sépulcre? Est-ce que vous n'entendez pas le *Salve, Regina*, ce chant de tendre et robuste espérance, jaillir, comme une inspiration, de ces poitrines aussi pieuses qu'héroïques?

Ces siècles sont passés; nous voici à l'aurore des temps modernes. Une invasion formidable et jusque-là toujours victorieuse menace la chrétienté tout entière. Mais saint Pie V, du haut du trône apostolique, lève son regard vers Marie. A sa voix, toutes les Confréries du Rosaire se sont mises en prière. Les deux armées sont en présence. Toutes les chances de victoire, le nombre, la discipline, l'habitude des combats et des succès, sont en faveur des ennemis de la Croix. Mais Marie vient *au secours des chrétiens*, et la victoire, une victoire éclatante et décisive, montre une fois de plus qu'on ne l'invoque jamais en vain.

Que le Musulman, vaincu dans cette grande journée de Lépante, ramasse toutes ses forces et tourne d'innombrables bataillons, par un effort encore plus gigantesque, contre l'Europe affaiblie par ses divisions. Marie l'attend sous les murs de Vienne, et, au lieu de la victoire dont il se tenait assuré, il trouve la défaite, le désastre, la fin de ses conquêtes et la ruine irréparable de cette puissance qui avait couvert et terrifié le monde.

Mais ce n'est pas le glaive que l'Eglise redoute le plus pour ses enfants. Le glaive n'enlève que la vie temporelle, l'erreur enlève la foi et la vie éternelle; le glaive tue le corps, l'hérésie tue les âmes. Contre cet ennemi encore, Marie est une défense certaine. L'Eglise nous en fait souvenir dans chacune de ses fêtes : c'est vous, Vierge puissante, répète-t-elle dans un remercîment qui est aussi une prière, c'est vous qui, seule, avez dans le monde entier, terrassé tous les monstres de l'hérésie, *cunctas hæreses sola interemisti in universo mundo*. Que d'éclatantes manifestations il faudrait rappeler, depuis les acclamations d'Ephèse jusqu'à cet épanouissement merveilleux de dévotion qui a répondu aux blasphèmes du protestantisme !

Un fait seulement parmi tant d'autres.

Vers le onzième siècle, une secte particulièrement impie et redoutable s'était insensiblement glissée, avec les tortueuses perfidies du serpent, au sein des contrées les plus catholiques, surtout en Italie et dans le midi de la France. Pendant deux cents ans tous les moyens échouèrent contre l'obstination des Albigeois, la force comme le raisonnement et l'éloquence. Enfin un prêtre vient d'Espagne, ayant pour toute arme le rosaire, reçu des mains mêmes de Marie, et cette arme suffit là où toutes les autres s'étaient brisées. L'hérésie vaincue disparut, et la foi reprit son empire.

Mais j'ai hâte d'arriver à la protection spéciale dont Marie couvre la France. Notre histoire tout entière en rend témoignage. A l'heure du danger, quand l'ennemi la menace ou l'envahit, la France implore Marie, et elle inscrit dans ses fastes les glorieuses journées de Bouvines, de Cassel, de Mons-en-Puelle et cent autres. Mais voici qu'elle a perdu presque toutes ses provinces. Les bras de ses plus vaillants soldats tombent découragés et l'étranger croit en avoir pris possession pour toujours. C'était « grande pitié au royaume de France. » Ne craignez pas, la Vierge fidèle n'a point abandonné son peuple, et, à son appel, Jeanne, l'humble et pure Jeanne d'Arc, apparaît, messagère du salut et de la délivrance.

Ce n'est pas seulement sur les champs de bataille que la France rencontrait la main propice de sa glorieuse Patronne. N'était-ce pas un vœu fait à Marie par Blanche de Castille qui nous avait obtenu saint Louis, c'est-à-dire, un demi-siècle de bonheur et de gloire pure, sans compter les trésors de bénédictions dont nous dotèrent ses vertus et ses exemples?

Que fais-je? Pourquoi remonter ainsi dans le passé? La France d'aujourd'hui est-elle donc moins visiblement protégée que la France d'autrefois? Quand Marie descend du ciel sur la terre, où donc pose-t-elle son pied béni? N'est-ce pas à la Salette, à Pontmain, à Lourdes surtout, toujours sur la terre de France? N'est-ce pas à la France qu'elle s'adresse, n'est-ce point dans notre langue qu'elle parle, sans se lasser de nous avertir, de nous appeler près d'elle et de nous bénir?

Et maintenant, faut-il descendre aux grâces particulières? Si toutes les âmes qui, un jour, à telle ou telle époque de leur vie, ont senti la protection de la Très-Sainte Vierge, pouvaient parler à la fois, quel immense concert de bénédictions s'élèverait, d'un bout du monde à l'autre, pour proclamer combien elle est puissante et combien elle est bonne !

Mais qu'ai-je à dire ici, en face de ce théâtre des miséricordes et des prodiges de la Vierge Immaculée? Parlez à ma place, témoins irrécusables des grâces qu'elle répand et des secours qu'elle accorde. Parlez, humbles béquilles appendues presque sans nombre au dedans et tout autour de cette grotte des miracles. Parlez, *ex-voto* qui tapissez par centaines et par milliers les murailles de cette auguste basilique. Parlez, inscriptions gravées sur le marbre et le granit. Parlez, riches et splendides bannières, magnifique tribut de la piété du monde catholique. Parlez, pour redire sans cesse et jusqu'aux âges les plus reculés la bienfaisance de la Mère et la gratitude des enfants qui ont trouvé près d'elle assistance et consolation.

Parlez, ah! parlez, vous surtout qui m'entendez, cœurs meurtris qu'elle a pansés, âmes désolées en qui elle a fait refleurir la foi qui soutient, l'espérance qui relève, la charité qui dilate et réconforte! Parlez, vous tous qui avez trouvé près d'elle ou la santé du corps, ou la résignation et la patience, ou la force dans l'épreuve, ou la douceur dans les larmes, ou l'allégresse dans la vertu et dans le sacrifice!

Maintenant ne me demandez plus d'établir par la parole la toute-puissance de Marie. Comme Jésus aux disciples de Jean, je vous répondrai : Regardez et allez raconter à tout l'univers les merveilles dont vous êtes témoins : les aveugles voient; *cœci vident*. Les sourds entendent; *surdi audiunt*. Les boiteux marchent; *claudi ambulant*. Les lépreux sont guéris; *leprosi mundantur*. Les morts spirituels ressuscitent; *mortui resurgunt*. — Est-il après cela besoin de la parole? Est-ce que ces miracles ne parlent pas d'eux-mêmes et assez haut?

Toute preuve d'ailleurs n'est-elle pas ici superflue? Ne sentez-vous pas que le Dieu tout-puissant, qui est l'amour même, exaucera toujours la Mère qu'il nous a donnée et dont la sollicitude et le dévouement sont un reflet et un écoulement de sa propre bonté?

Quelle puissance l'amour maternel n'eut-il pas toujours auprès de Dieu! Rappelez-vous cette touchante histoire inscrite dans nos Livres Saints et d'où se dégage, pour nous, une si émouvante leçon de confiance et d'espoir.

Agar, la pauvre esclave, avait été chassée des tentes de son maître! Errante, égarée dans le désert, dénuée de tout, elle allait périr sur le sable aride et brûlant; mais Agar était mère! Son fils agonisait dans ses bras! C'en était trop! Egarée, affolée de douleur, elle s'éloigne de l'enfant, en s'écriant: *Non videbo morientem puerum!* Mes yeux ne verront pas mon premier-né expirer sur mon sein ! Puis elle tire de ses entrailles un cri perçant ; elle pleure ! *Et elevavit vocem suam et flevit.* O larmes brûlantes, ô cri de suprême angoisse, qui pourrait vous résister ? A ce cri déchirant, à ce cri d'un cœur maternel, le cœur de Dieu s'est ému de compassion ! Un Ange s'élance de la hauteur des cieux et vient secourir, sauver l'enfant et la mère !

O Marie, vous êtes plus mère, plus tendre, plus dévouée qu'Agar ! Criez, criez vers Dieu, et nous ne mourrons pas ! Montrez-lui Jésus expirant sur la croix ! Présentez-lui le sang de votre divin Fils, ce sang qui vous appartient, ce sang dans les flots duquel votre cœur fut comme noyé au calvaire ! Par ce sang de votre Fils, par vos communes douleurs, par cette mort dont vous avez ressenti toutes les blessures, reçu tous les coups, enduré tous les tourments, criez vers Dieu, et bientôt, délivrés de tous les dangers, remplis d'une vie et d'une vigueur nouvelles, dans les joies du triomphe et les élans de la reconnaissance, nous rendrons témoignage, à notre tour, à votre puissance toujours secourable et toujours victorieuse !

Un seul mot, un seul chant pouvait répondre à ces accents enflammés de foi et de piété. De l'enthousiasme dont nos cœurs étaient remplis jusqu'aux bords, jaillit, comme spontanément, le *Magnificat*, ce cantique triomphal de Marie et de l'humanité régénérée. Il faut avoir entendu, pour s'en former l'idée, ce torrent de voix frémissantes, ardentes, inspirées, dont les flots roulent, abondants et harmonieux, comme toutes les grandes voix de la nature, mais traversés de cris expressifs, d'appels, de plaintes, de larmes, d'exclamations joyeuses et de tendres effusions, dont l'âme humaine seule a le secret et peut être la source.

Pendant ce temps, la procession aux flambeaux s'organisait et s'ébranlait dans un ordre parfait : en tête les pèlerins de Saint-Etienne s'élançaient au chant de l'*Ave* de Lourdes ; plus tard nous les suivions et deux mille cinq cents voix faisaient retentir notre ardente et patriotique invocation : « *Saint Michel, à notre secours* » ; enfin les pèlerins d'Avignon, qui devaient clore la marche, tenaient en réserve, pour émerveiller et enchanter tous ceux qui ont entendu leurs voix mélodieuses, ces frais et délicieux cantiques provençaux dont la jeune poésie des Félibres parfume cette langue musicale des troubadours, si heureusement et si courageusement rappelée à la vie et à la gloire par les Roumanille, les Aubanel et les Mistral.

En vain l'on montait, d'un pas rapide, en deux files serrées : la foule semblait toujours aussi compacte, et c'est à peine si, au bout d'une heure et demie, les derniers rangs quittaient la Grotte. A ce moment, nous apercevions les pèlerins de Saint-Etienne qui se rangeaient autour de la Vierge couronnée. Cinq mille catholiques sillonnaient, d'un bout à l'autre, cette longue route qui relie le point de départ au point de ralliement.

Mais comment décrire l'aspect de cette manifestation deux fois sublime ? Rappelons, du moins, à ceux qui en ont joui et dont le regard reste illuminé de ces splendeurs inoubliables, de même qu'elles sont impossibles à peindre, rappelons ces ruissellements de rayons, ces mouvantes avenues de flambeaux qui circulent sous les arbres, teints d'étranges lueurs, à travers la verdure des lacets, et semblent monter à l'assaut d'une citadelle idéale, en traçant, comme autant de lignes de circonvallation, les longs circuits qui forment le chiffre de Marie. Et lorsque, après avoir longé la Basilique, l'esplanade du couronnement apparaît, ainsi qu'un vaste champ dont les épis sont des flammes qui se balancent comme une riche moisson sur laquelle court une brise légère, représentons-nous, une fois encore, cette croix de feu resplendissant au loin, cette statue de Marie, au piédestal enflammé, et puis, toujours, cette rivière, ce torrent de lumière, qui enveloppe l'immense ovale de la prairie de ses vagues flamboyantes ; entendons les chants qui, de nos cœurs éblouis, ravis, enflammés, montent vers les cieux : immense concert dans lequel toutes les voix se mêlent, tous les tons et les hymnes et les cantiques les plus divers forment cependant un harmonieux ensemble, parce que toutes ces paroles, toutes ces notes variées à l'infini sont l'expression des mêmes sentiments, des mêmes enthousiasmes, du même chant intérieur, célébrant, dans un sublime unisson, la gloire et la bonté de Marie, notre Reine et notre Mère.

Si, un instant, nos yeux se détournaient de ce spectacle féerique, le vaste amphithéâtre dont il occupait le centre nous ravissait à son tour et s'harmonisait bien avec le besoin d'admirer et de bénir qui avait envahi toutes les puissances de l'âme.

En face de nous, sur la colline opposée, le château de Lourdes nous présentait la masse énorme de ses tours et de ses murailles. Reliée à nous par une allée de lanternes de différentes couleurs, sous lesquelles brillaient les objets de piété étalés aux façades des boutiques, la ville, pleine d'animation, nous envoyait ses bruits confus et s'étendait devant nos regards dans une pénombre favorable, piquée de lueurs vives comme d'autant d'étincelles, avec ses rues irrégulières et ses maisons qui s'étagent dans un pêle-mêle pittoresque. Le Gave nous prête, à nous aussi, *la voix de son flot*, comme un accompagnement plein de charme. Encadrant tout cet Éden, — c'était bien le mot à cette heure, — les Pyrénées projetaient sur nos rangs les grandes ombres de leurs cimes lointaines et nous enserraient dans la ceinture irrégulière de chaînons secondaires et de mamelons déjetés à l'aventure, dont le dernier offre, à sa base, la Grotte miraculeuse et porte la basilique sur son flanc.

L'air était doux et calme, et dans le ciel, d'une pureté parfaite, les étoiles joyeuses semblaient se voiler et pâlir devant l'éclat dont nos milliers de cierges faisaient resplendir la vallée où Marie a son trône.

Pourtant la vue était, en tout ceci, moins satisfaite encore que le cœur : les fêtes profanes peuvent à toute force se payer des magnificences extérieures ; jamais elle ne procureront à ceux qui y prennent part les joies célestes dans lesquelles nos âmes se plongeaient délicieusement. Ces flammes et ces chants n'étaient après tout que des signes et d'imparfaites images des sentiments qui nous avaient amenés ici et qui nous y faisaient trouver tant de bonheur. La foi rayonnait, l'amour de Dieu, l'union fraternelle, la charité chrétienne se manifestait dans son expansion universelle et nous enlaçait tous dans ses liens de feu qui sont aussi des liens de paix et de suavité intime ; et par-dessus tout nous triomphions, parce que Jésus et Marie passaient, à cette heure, en revue une troupe choisie qui est à eux, dévouée jusqu'à la mort, prête à résister jusqu'au sang, et en qui nous pouvons bien, sans hésitation, reconnaître l'élite de l'humanité et l'espérance, la certitude, le germe du monde nouveau qui se prépare.

Aussi le *Magnificat*, qui avait été notre premier chant, fut aussi le dernier : glorifier Dieu par Marie était, à la fin comme au commencement, le besoin, la faim et la soif de nos cœurs, qui ne pouvaient s'assouvir de ce bonheur et de ce devoir.

Enfin, à neuf heures et demie nous entourions tous la Vierge couronnée : trois Prélats, qui avaient rehaussé de leur présence l'éclat des fêtes de cette soirée, Mgr l'Archevêque d'Avignon et NN. SS. les Evêques de Coutances et de Versailles, s'étaient groupés aux pieds de l'Immaculée. Alors Mgr Hasley nous adressa les paroles suivantes qui devaient clore cette journée du ciel :

« Vos chants vont finir, puisque tout finit sur la terre. Mais, avant de vous séparer, la Sainte Vierge a voulu vous ménager une faveur. Il y a ici trois évêques, l'évêque du Nord, qui avec sa voix éloquente vient de nous dire des paroles de feu ; l'évêque du centre, si je puis dire ainsi, qui, après avoir embaumé l'église de Toulouse du parfum de ses vertus, remplit aujourd'hui de son zèle et de sa piété le diocèse de Versailles, qui lui a été confié ; enfin un évêque du Midi, heureux de se trouver au milieu de ses enfants d'Avignon et de ses frères de Coutances ; trois pontifes vont donc lever les mains pour attirer sur vous les bénédictions de Marie ; du reste, mes frères, l'élan, avec lequel vous avez manifesté ce soir votre foi et votre piété, mérite bien que vous soyez trois fois bénis. »

Nosseigneurs les Evêques entonnèrent solennellement les paroles de la bénédiction ; tous s'agenouillèrent, puis, se relevant, les pèlerins jetèrent aux échos du Gave les acclamations suivantes : — *Vivent Nos seigneurs les Evêques ! Vive Léon XIII ! Vive N.-D. de Lourdes !*

La bénédiction des Pontifes avait clos la journée du mercredi. Peu à peu la multitude se retira et l'illumination, s'éparpillant et se dispersant avec elle, finit par s'éteindre sur l'esplanade. A la grotte elle ne s'éteint jamais, pas plus que la prière : minuit allait sonner, que les chants des intrépides Avignonais s'élevaient encore, frais et purs, inspirés et empruntant au silence de la nuit un nouveau charme, dont il était impossible de n'être pas profondément ému et pénétré.

A cette heure, les prêtres assiégeaient les autels de la Basilique où Jésus allait descendre et se sacrifier : ainsi, comme il arrivait aux premiers temps de l'Eglise pour les fêtes solennelles, la louange et l'adoration écartaient les ténèbres et changeaient en veilles saintes les heures que le sommeil, ordinairement, nous enlève.

Et pourtant le jour qui commençait ne devait pas être moins rempli que celui qui venait de finir. A sept heures, Sa Grandeur célébrait la messe dans la Basilique : là, de nouveau, foule pressée, cantiques, communions, délices intérieures que le monde ne connaît pas, séraphiques ardeurs que les visages trahissent, sous le voile de modestie dont le recueillement les recouvre. Sans doute, le pain eucharistique est, pour ces chrétiens, une nourriture fréquente ; et si l'habitude de cet aliment divin fortifie la piété, elle peut, communément, en tempérer l'expression visible, en adoucir le rayonnement. Mais, en ce lieu, l'âme se trouve invinciblement saisie et transportée hors d'elle-même, au-dessus de ses sentiments habituels, dans une sorte d'enivrement et d'extase. Pour la ravir, tout lui parle, même les voix qu'elle n'écoute pas, mais dont l'accent résonne dans ses profondeurs, à son insu, et y éveille des échos discrets et harmonieux ; tout l'éblouit et l'enchante, même ce qu'elle ne regarde pas, parce que ses yeux fermés restent remplis des rayons inaperçus, des magnificences indistinctes qui l'entourent et lui font comme une atmosphère de paix et de beauté. C'est qu'ici tout s'accorde, tout rend le même son et obéit au même souffle : la grotte illuminée ; la chapelle construite par ordre du ciel ; les plaques de marbre, avec leurs inscriptions en lettres d'or, qui en recouvrent toutes les murailles, depuis le fond de la crypte jusqu'à la naissance des voûtes ; ces cris de reconnaissance, ces bénédictions qui ont épuisé toutes les formules et, bientôt, emprunté toutes les langues ; ces milliers de bannières, d'oriflammes, d'étendards de toutes formes et de tout prix, parmi lesquels un si grand nombre, d'une richesse royale, sont en même temps des merveilles du travail le plus fin et de l'art le plus délicat ; ces cœurs d'or qui, circulant tout autour de l'édifice, retracent en lettres énormes les paroles que les lèvres de Marie ont prononcées en ce lieu ; tous ces lustres, toutes ces couronnes de lumière, toutes ces lampes d'or qui brillent dans le sanctuaire et dont la flamme y veille toujours ; tous ces dons, tous ces souvenirs, tous ces trésors, toute cette exubérance prodigue, qui s'étale partout, a tout surchargé, tout encombré de ses offrandes, n'est-ce pas là un hymne perpétuel, un chant d'amour, immense, universel, d'une puissance incomparable, dans lequel la terre fait monter jusqu'au ciel cette double acclamation : Gloire à Dieu, gloire à Marie ? Or n'est-ce pas aussi l'*Hosanna* que chaque âme tire, vibrant et expressif, du clavier, si étendu et si varié, qui va de ses douleurs calmées, de ses repentirs confiants aux contemplations anticipées, aux pressentiments indicibles qui, à certains moments, lui donnent un avant-goût des félicités éternelles ?

Le temps fuit, trop rapide, au milieu de ce bonheur ; mais à chaque instant une nouvelle joie succède aux joies écoulées. A neuf heures, Monseigneur a réuni, dans la salle supérieure de ce bel édifice que nous appellerons l'asile des pèlerins, deux cent cinquante Enfants de Marie, qui se pressent autour de la petite chaire et de l'autel qui font de ce local une chapelle réservée pour des circonstances exceptionnelles. Alors, dans une allocution dont la familiarité paternelle n'exclut ni l'éloquence, ni l'élévation de la pensée, Monseigneur dit à ces âmes privilégiées combien il était heureux de se trouver au milieu d'elles et de les voir si nombreuses ; il constate que toutes les Associations du Diocèse se trouvent représentées au pèlerinage : c'est une nouvelle raison d'espérer que toutes resteront dignes du beau titre qui les distingue et répondront de plus en plus à la grâce qui les a choisies et à tout ce que Dieu, l'Eglise et le Diocèse attendent d'elles.

Q'êtes-vous en effet, Enfants de Marie, dit Sa Grandeur, et à quelles conditions réaliserez-vous le nom que vous portez et les engagements qui en dérivent? Vous êtes d'abord *Enfants de Marie*. Votre premier devoir est d'imiter votre Mère, en reproduisant : 1° sa pureté absolue au milieu de la corruption et de la sensualité du siècle : pureté du cœur, de la pensée, des désirs, de l'imagination que ne doit souiller ni troubler aucune lecture malsaine ou dangereuse ; il vous faut éviter toute société, tout plaisir de nature à alarmer l'innocence : l'innocence vit de précaution, de prudence, de modestie extérieure; loin donc d'une enfant de Marie tout souffle capable de ternir la plus belle des vertus. Et pour garder cette fleur, sachez l'entourer des épines de la mortification ; apprenez, comme saint Paul, à dompter votre corps, si vous ne voulez pas en devenir les esclaves.

2° Avec la pureté, l'humilité, son inséparable compagne. Si Marie, nous dit saint Bernard, a mérité que Dieu se complût en elle, parce qu'elle était la plus pure des Vierges, c'est par le charme de l'humilité qu'elle a attiré dans son sein le Verbe de Dieu. Aujourd'hui le monde étale partout un orgueil qui est sa plaie la plus vive et menace de devenir sa perte. Il faut réagir, et c'est la mission des âmes chrétiennes, surtout des âmes virginales ; c'est le remède qui peut seul suffire à tout : à désarmer le bras de Dieu, à nous concilier sa miséricorde, à attirer une effusion abondante de ses grâces les plus efficaces, et en même temps à répandre dans l'infection du monde le levain de la vraie sanctification.

3° Comme conséquence de l'humilité, l'esprit d'obéissance. Partout la révolte lève la tête et fait entendre sa devise, son cri de guerre, emprunté de Satan, le premier et le chef de tous les rebelles : *Non serviam*. Enfants de Marie, vous avez une autre devise, plus belle et plus noble : *Ecce ancilla Domini* ; voici la servante du Seigneur. Ce mot, dans lequel Marie s'est résumée tout entière, avec son caractère, sa sainteté, sa mission et son œuvre, c'est la parole de paix qui a réconcilié le ciel et la terre, Dieu et l'homme. Soyez aussi des enfants d'obéissance : obéissez à Dieu toujours, à ses lois, à son Eglise, aux mouvements de sa grâce, aux inspirations de son Esprit ; et, pour Dieu, obéissez fidèlement, parfaitement, par conscience, à toute autorité, quel que soit le cercle dans lequel s'exerce ses attributions, soit dans l'intérieur de la famille, soit dans les relations de la vie sociale.

4° Enfin, soyez charitables et dévouées, à l'exemple de Marie, qui pour nous a sacrifié plus que sa vie, puisqu'elle a sacrifié son Fils unique, qui était aussi son Dieu, tout son amour. Il n'est aucun chrétien qui ne doive pratiquer ces vertus que nous recommandons à tous. Mais vous avez une obligation particulière d'en donner l'exemple éclatant, et particulièrement de réagir contre cet égoïsme monstrueux qui gangrène toutes les classes, qui dessèche et tue tant de cœurs, et qui, s'infiltrant chaque jour davantage dans les entrailles du corps social, en est le poison le plus dangereux, le pronostic le plus effrayant de la dissolution et de la mort. Pour arrêter cette décomposition croissante, il faut, en grand nombre, des héroïsmes d'abnégation, de don, d'immolation de soi-même : où les trouver sinon dans le cœur des Enfants de Marie ?

Mais ce nom, si beau qu'il soit, n'est pas le seul qui vous convienne ; il vous en assure un autre : Enfants de Marie, vous êtes par là même les *Sœurs de Jésus*. Vous devez donc entretenir avec lui une union fraternelle qui mêle et confonde en quelque sorte entre Lui et vous les sentiments et les intérêts.

Or, si les intérêts de Jésus sont les vôtres, il faut les défendre. Comment ? Le voici : Jésus est la *Vérité*. Cette vérité de Dieu, il faut la soutenir, la répandre, la faire triompher ; vous devez en devenir les apôtres : dans votre famille, par des conseils discrets, par la profession prudente, mais constante et généreuse de la foi qui habite en vous ; — de même, dans vos relations, dans vos conversations intimes, chaque fois que l'occasion s'en présente, il faut *rendre témoignage*. Cette vocation de saint Jean-Baptiste est aussi celle de tout chrétien ; à plus forte raison est-elle la vôtre.

A ce moment, Monseigneur, jetant un regard rapide sur les dangers qui menacent le règne de la Vérité divine, nous rappela ce mot déjà connu, mais qu'il authentiqua de son témoignage, ce mot, dis-je, sorti naguère de la bouche d'un sectaire bien informé : « Si l'Eglise échappe aux assauts que nous allons lui livrer, je confesserai que Dieu est avec elle, qu'elle est vraiment divine. » Ne craignons pas, d'ailleurs, reprit Sa Grandeur, avec l'accent d'une invincible confiance ; cet ennemi reçut une réponse que nous devons retenir : « Préparez votre acte de foi : l'Eglise peut perdre des soldats, elle n'a jamais perdu de bataille. » Comme au temps de Julien l'Apostat, nous sommes sûrs que le « Fils du charpentier » fait, pour le temps qu'il a fixé, le cercueil de ceux qui voudraient le proscrire.

Ne craignons pas, mais ne nous endormons pas non plus : il faut attendre la victoire, mais il faut combattre pendant que la bataille est engagée et nous porter sur le terrain où la lutte est la plus vive ; ce terrain est celui de l'éducation chrétienne de l'enfance et de la jeunesse. Je vous le désigne parce que vous pouvez beaucoup pour le défendre. Le prêtre, surchargé de travail, ne pourra souvent donner qu'un temps insuffisant à l'instruction religieuse des enfants et à la culture de ces âmes si précieuses et si chères : venez à son aide ; c'est là un apostolat riche en mérites, fécond en résultats, et qui répond au désir le plus ardent du cœur de Jésus, qui vous demande, par la voix de votre Evêque, de laisser venir ces petits, ou plutôt, autant que vous le pourrez, de les conduire jusqu'à Lui.

Jésus est aussi la *Voie* : cette voie divine, qu'il faut suivre, il l'a tracée par ses préceptes et ses exemples, et c'est la vertu qui s'y engage et s'y maintient. A vous, sœurs de Jésus, il appartient aussi de montrer ce chemin divin, en y marchant d'un pas ferme, et d'y appeler, d'y entraîner tous ceux sur lesquels vous pouvez exercer quelque influence. Soyez toujours exactes à tous vos devoirs ; montrez-vous toujours remplies de bonté, de condescendance, de douceur, de patience, de résignation, de cette gaîté chrétienne que saint Paul recommande ; soyez toujours prêtes à rendre un service, à donner un secours, un conseil, un encouragement ou une consolation ; prêtes au besoin à vous dépenser vous-mêmes pour l'amour et le service de Dieu ; charmez par votre modestie, édifiez par votre piété. Ainsi vous répandrez autour de vous cette bonne odeur de Jésus-Christ, cette odeur de vie qui ressuscite et fortifie : *odor vitæ in vitum*, et dont le parfum attire, fait marcher, fait courir les cœurs après Celui qui en est la source vivifiante : *in odorem unguentorum tuorum currimus*.

Enfin Jésus est la *Vie*, surtout dans les sacrements et spécialement encore dans la sainte Eucharistie. Un si grand nombre d'âmes ignorent ce don de Dieu, se privent de ce pain vivant qui contient la vie éternelle, ou s'en nourrissent trop rarement : de là tant de faiblesses, tant de maladies, tant de morts spirituelles ! Ici encore vous pouvez beaucoup : indiquez, montrez comme un remède infaillible, comme une eau rafraîchissante, comme un bain salutaire et bienfaisant, cette piscine de la pénitence, où l'âme, en se purifiant, retrouve la paix ; montrez le tabernacle et dites bien, ce que vous savez par expérience, que là Jésus, en se donnant lui-même, donne la paix, cette paix incomparable, cette paix de Dieu qui surpasse tout sentiment ; dites et faites voir que de là découlent la joie comme la force, la dignité de l'âme et de la vie, la foi inébranlable, l'espérance inconfusible, l'inextinguible flamme de l'amour divin ; convoquez, faites venir les âmes à ces *sources du Sauveur*, où elles puiseront l'eau vive qui jaillit jusqu'à la vie éternelle.

Avant de finir, Monseigneur se demande à quelles conditions les Enfants de Marie pourront réaliser une si grande œuvre. Vous êtes faibles, dit-il, et le but que je viens de vous montrer est le plus élevé qu'on puisse imaginer : le succès est évidemment au-dessus de vos efforts. Mais Dieu sera avec vous ; ne devez-vous pas répéter après saint Paul : Je puis tout en Celui qui me fortifie ; non pas moi, mais la grâce de Dieu avec moi ? Cette grâce nécessaire, vous l'obtiendrez en recourant à la prière d'abord. La parole de Dieu y est engagée : demandez et vous recevrez ; frappez et il vous sera ouvert. La prière met à votre disposition, met dans vos mains la toute-puissance de Dieu. — Avec la prière, vous avez la confession, où vous trouverez à la fois la parole lumineuse qui vous éclaire, le conseil qui vous guide, l'avertissement qui vous prémunit contre le danger, mais surtout la grâce qui vous relève et vous sanctifie, en couvrant toutes vos taches, en enlevant jusqu'à cette poussière légère dont l'âme la plus attentive ne peut se préserver absolument. Vous péchez, mais ne vous découragez pas : n'entendez-vous pas cette parole divine, si consolante pour notre misère : « Le juste tombe sept fois et se relève ? » La vie chrétienne n'est qu'une suite de ces relèvements courageux qui n'empêchent pas de marcher, de courir même dans le sentier du ciel et d'atteindre le but —Enfin Jésus-Hostie attend ses sœurs à la table qu'il leur a préparée : c'est lui, surtout, qui descendant en elles les transformera, les transfigurera, les divinisera et leur communiquera son pouvoir avec ses vertus.

Mais ici nous renonçons à suivre cette parole dans les hauteurs où elle s'éleva pour célébrer l'union intime de l'âme fidèle avec son Epoux céleste et tous les fruits de rénovation et de salut qu'elle produit pour le monde.

Monseigneur termina en mettant sous la protection de la Sainte Vierge ce pieux auditoire, toutes les congrégations d'Enfants de Marie de son Diocèse, et le Diocèse lui-même avec tous ses besoins et toutes ses œuvres. Il recommanda instamment à nos prières la **France**, si menacée dans sa foi, c'est-à-dire dans ce qui est son gé-

Par delà la croix, deux admirables vallées s'étendent, larges et spacieuses, devant nos regards qui peuvent presque faire le tour de l'horizon ; la nature étale à la fois toutes ses magnificences et épanouit tous ses sourires. Ce contraste entre les pensées qui nous occupent et le spectacle que la terre nous présente donne à l'âme une secousse qui fait pénétrer plus avant les sentiments que la foi lui inspire.

Après la *Descente de la Croix*, la treizième station, qui est la *Compassion de la Sainte Vierge*, nous arrête devant un groupe, en marbre de Carrare, qui fait aussi une impression très-vive. La Très-Sainte Vierge, la Vierge des Douleurs, assise, les jambes à demi étendues, tient son divin Fils, dont la tête, étonnamment expressive, repose sur ses genoux ; et elle le contemple dans une douleur muette, profonde, inconsolable jusqu'à la Résurrection.

Une dernière station nous présente *Jésus mis au tombeau ;* puis nous arrivons à la belle chapelle, beaucoup plus considérable que celles des stations, qui est consacrée à la *Résurrection.* Au sommet du fronton, un ange, aux ailes éployées, fait retentir la trompette qui annonce le triomphe, et, dans l'intérieur, Jésus nous apparaît, comme aux apôtres et aux saintes femmes, vivant et victorieux. Là nous adorons la Croix et, après cette longue cérémonie, nous redescendons à la chapelle de Notre-Dame pour un salut solennel.

Toutes les grâces nous sont ainsi prodiguées : nos pèlerins d'ailleurs s'en montrent dignes. Puissions-nous être toujours aussi vaillants dans les fatigues et les combats de la vie qu'à la montée de Bétharram, nous rappelant qu'après la peine vient la récompense, après la mort la résurrection, et que si Jésus nous ordonne de le suivre et de porter notre croix, il veut bien être lui-même notre soutien, notre force et notre rafraîchissement ! Puissent ces petites branches, pieusement emportées de Bétharram, en souvenir du *Beau Rameau*, être le signe efficace du secours que Marie donne dans le danger à tous ceux qui l'implorent !

Revenons maintenant promptement à Lourdes, sans oublier de remercier M. l'abbé Legoux de cette pieuse et vraiment bonne excursion, qu'il nous a procurée et dont il a été l'âme pleine d'entrain. Mais hâtons-nous : Monseigneur nous attend à la Grotte.

C'est le Rosaire auquel nous sommes convoqués : on le récite comme il faudrait prier toujours. Nous en sommes immédiatement récompensés. Monseigneur, qui ne devait point parler, ne peut résister à l'appel que tous les cœurs lui font entendre.

Sa Grandeur ne fera pas un discours : Elle n'y est nullement préparée et la fatigue ne le lui permettrait pas. Elle adressera seulement quelques paroles sorties du cœur, quelques conseils pratiques, dont l'importance n'a pas besoin de preuves.

Un danger peut se présenter, contre lequel il est bon de vous prémunir. Quand on vient à Lourdes, la première idée qui frappe quelquefois c'est l'idée du miracle : c'est le miracle que l'on vient demander à Marie. Sans doute, on fait bien, et la Sainte Vierge montre par d'irrécusables preuves qu'elle autorise cette demande et cette confiance. Mais il ne faut ni se méprendre ni s'abuser sur ce point : le miracle corporel n'est que le but secondaire que l'on peut se proposer ; il ne faut donc pas en faire le but principal. De la part de Dieu et de Marie, le miracle est un moyen, le moyen de réveiller la foi et de faire rentrer dans le chemin de la vertu ; ce serait une illusion injurieuse à Dieu, préjudiciable aux âmes, que d'y voir une fin, la fin dernière à laquelle s'arrêterait la pensée divine.

Toutes les œuvres de Dieu tendent à la sanctification des âmes : c'est pour nous sanctifier qu'il a créé le monde, qu'il nous a créés nous-mêmes ; c'est pour nous sanctifier qu'il est venu sur la terre, qu'il y a vécu et souffert et qu'enfin il y est mort. Or la volonté de Dieu reste la même : ce qu'il veut toujours et en toute circonstance, c'est notre sanctification : *Hæc est voluntas Dei sanctificatio vestra.* Qu'importe, après tout, que votre œil s'ouvre, que votre langue se délie, que votre jambe se redresse, que votre bras redevienne vigoureux, que votre corps recouvre la santé et la force, puisqu'il faudra perdre tout cela, puisque votre œil se fermera, que votre jambe cessera de vous porter, votre bras d'agir, votre langue de se remuer, votre corps de vivre, puisque tout cela doit être dans quelque temps la proie des vers et de la pourriture ? Mais votre âme, elle, est immortelle ; si elle est guérie, fortifiée, sanctifiée, vous aurez fait une œuvre d'avenir, vous aurez obtenu le meilleur, le plus grand, le plus enviable des miracles. C'est donc là que doivent tendre premièrement et surtout vos prières.

Et, en effet, que de maladies attaquent l'âme ! Qu'ils sont nombreux les ennemis contre lesquels il lui faut lutter ? A combien de dangers ne doit-elle pas s'arracher ou se soustraire ? Or si vous voulez la guérison de tous ces maux, la victoire sur tous ces ennemis, le salut au milieu de tant de dangers, regardez Marie, ayez recours à Marie : que ses exemples soient votre règle ; sa protection, votre secours et votre espérance.

1° Il y a les dangers extérieurs. Le premier que je vous signale, c'est la mauvaise presse, ce sont les mauvaises lectures, aujourd'hui si répandues, jusqu'au fond des villages ; ce sont ces feuilles abominables que l'on voit partout, qui s'offrent, qui se glissent partout ; feuilles immondes et corruptrices, qui gâtent les cœurs, perdent la jeunesse, répandent le vice et nous préparent une société flétrie, desséchée jusqu'en ses racines par l'immoralité et la débauche ; feuilles impies, pleines d'atroces blasphèmes et de négations insensées, qui éteignent la foi, obscurcissent les intelligences, égarent la raison et jettent dans le monde ces esprits sans frein et sans croyance, que rien n'arrête plus sur la pente du crime, effroi et peut-être châtiment futur des peuples chez lesquels l'insulte à Dieu se généralise et peut impunément se donner libre carrière. — Avec la presse, il y a ces peintures, ces gravures, ces images obscènes, que l'on rencontre étalées sur toutes les places et dans tous les coins, sollicitant le regard égaré du jeune homme, le regard ignorant de la jeune fille, et qui, entrant par ce regard, descendent jusqu'au fond de l'âme et y restent comme un poison qui tue la pudeur et la vertu.

L'oreille n'est pas moins exposée que le regard : il y a pour elle les mauvais discours, les sarcasmes contre les choses saintes, les propos orduriers, les rires cyniques ; il y a tout ce milieu, toute cette atmosphère d'irréligion, de haine contre l'Eglise, de volupté et de luxure, que l'Evangile appelle le monde et qui jamais ne mérita plus qu'aujourd'hui les anathèmes dont Jésus-Christ l'a frappé.

Voilà les ennemis qui vous entourent et veulent vous perdre ; ce sont là autant d'Hérodes cruels qui en veulent à votre âme, qui sont jaloux de sa divine royauté, de son honneur, de sa dignité, de sa pureté, et qui conspirent pour lui donner le coup de la mort. Comment faire ? Regardez Marie. Lorsque Hérode voulut tuer son fils, son Jésus, elle l'emporta promptement sur une terre hospitalière, et elle l'arracha ainsi à la fureur et aux complots des méchants. Demandez-lui de faire pour vous ce qu'elle fit pour l'enfant de Béthléem, de vous emporter loin de tous les Hérodes homicides, de vous mettre à l'abri, dans son manteau de pureté et de prudence virginale, de toutes ces souillures et de tous ces scandales. C'est un miracle, sans doute ; mais ce miracle, il est nécessaire et Marie peut l'accomplir.

2° Vous portez en vous-mêmes d'autres ennemis plus redoutables encore. D'abord, il y a l'orgueil, si répandu, si dominant à l'heure qu'il est ; l'orgueil qui égare les intelligences, qui enfante l'envie et la haine, qui sème la discorde et les rivalités ambitieuses; l'orgueil qui donne le vertige à ses victimes et ébranle les fondements de la terre. Eh bien ! pour vous délivrer de l'orgueil, tournez-vous vers Marie ; appelez-la; demandez-lui d'être à la fois votre défense et votre modèle, elle qui, dans la grandeur la plus éminente, est toujours restée la plus humble des créatures.

Il y a l'immoralité. Il n'est pas besoin, hélas! qu'elle soit semée en nous du dehors : la faute originelle en a déposé le germe dans les âmes. C'est le mal et le vice, c'est l'ignominie par excellence ; c'est le miasme empesté qui ternit toute beauté, énerve la vigueur des facultés les plus puissantes et répand une fumée dont l'intelligence est aveuglée ou obscurcie. Que d'âmes noyées dans cette fange ! Ah ! si vous voulez y échapper, tournez-vous vers Marie; appelez-la à votre aide; criez-lui : O vous, Vierge très-pure, *virgo purissima*, priez pour moi, sauvez-moi.

Il y a la révolte : c'est la conséquence de l'orgueil et le signe de notre temps, le caractère imprimé sur le front de ce siècle. Toute autorité est méprisée; on ne veut porter aucun joug, obéir à aucun frein. Aussi, à tous les degrés de la hiérarchie sociale, c'est la guerre : guerre dans la famille, guerre dans la société, en bas, en haut ; partout des autorités qui se brisent ou s'affaissent et des dépendances qui s'insurgent. Dans ce chaos gouverné par la tempête, rien ne tient debout; tout s'éparpille ou s'agglomère au hasard, comme le sable du désert, que le tourbillon entasse ou disperse et qui ne devient jamais un terrain solide sur lequel on puisse semer ou bâtir. L'esprit de révolte, c'est l'esprit de Satan, et il a soufflé sur l'humanité dès les premiers jours du monde. Si vous voulez y résister, vous en garantir, recourez à Marie. Vierge fidèle, faites de nous à votre exemple des serviteurs de Dieu, soumis avec respect à son empire, afin que par vous nous rendions l'honneur à qui l'honneur appartient, et l'obéissance à tous ceux qui ont droit d'être obéis, non par crainte mais par conscience.

Toutes ces passions ont un fonds commun, qui est le fond même de l'âme telle que le péché l'a faite : c'est l'égoïsme. Ah ! triomphe-t-il assez, est-il assez en vue, se donne-t-il assez en spectacle, ce lâche et vil tyran qui se nomme l'égoïsme? N'est-ce point lui que l'on rencontre partout, qui met tout en branle et se fait le but de toutes les entreprises et de tous les mouvements dont le monde est agité? Mais c'est la plaie vive qui nous ronge, c'est le maître dévorant qui absorbe, qui épuise tout, pour se satisfaire, n'épargnant pas même les germes, frêle espoir de l'avenir. L'égoïsme, c'est la malédiction qui pèse sur la terre et l'humanité ! Pour le repousser loin de vous avec horreur, regardez Marie, appelez à votre aide Marie, la Reine des martyrs, la Reine du sacrifice, la Mère du bel amour, Marie, qui est la charité et le dévouement à sa plus haute puissance, parmi les créatures.

3° En troisième lieu, vous avez à vous défendre contre les épreuves de la vie. Qu'elles sont nombreuses et effrayantes ! Les corps souffrent : c'est la faim et la misère ; c'est le travail accablant qui brise les membres et épuise les forces ; c'est la maladie, c'est la souffrance avec ses innombrables et inexprimables tourments. Eh bien ! pauvres deshérités du monde, pauvres torturés de la douleur, levez, vous aussi, les yeux vers Marie. — Vous avez faim ! allez à Béthléem et vous y verrez la Mère de votre Dieu, dans le dénûment de l'indigence, manquant de tout, à l'heure où le Verbe éternel apparaît dans ses bras et se nourrit de son lait. — Un rude travail lasse vos bras ! Allez à Nazareth et voyez la Reine du ciel se livrer aux besognes les plus humbles et les plus grossières ; voyez Joseph, voyez Jésus dans l'atelier où ils gagnent péniblement leur pain de chaque jour à la sueur de leur front ! — Vous souffrez ! Ah ! quelle que soit votre souffrance, regardez Marie au pied de la croix ; voyez le glaive de douleurs qui transperce son âme ; et dites s'il est une douleur semblable à sa douleur ! Dites si jamais un cœur fut déchiré comme ce cœur, si jamais des larmes si amères ont coulé des yeux d'une créature humaine ! En elle donc vous trouverez l'allègement, la consolation, la force pour toutes nos épreuves ; elle vous montre le ciel, qui est le prix de la patience ; suivez-la dans cette voie qui mène à la gloire.

Nos âmes, ainsi nourries du plus pur froment de la parole de Dieu, respirant les plus doux parfums de la piété, en la société de Jésus et de Marie sensiblement et constamment présents, au milieu des splendeurs et des cantiques sacrés, habitaient vraiment le Thabor et eussent répété volontiers la parole de saint Pierre : *Bonum est nos hic esse ;* qu'il fait bon d'être ici ! Pourtant c'était la dernière soirée que nous passions en ce lieu béni. Les cœurs se sentaient frissonner sous une indéfinissable impression de regret, qui parfois faisait passer une ombre sur les visages et accentuait les chants, plus passionnés que jamais, de tremblements et de soupirs attendris. Au moins nous emporterons de ce festin de joies saintes des fruits de grâce et des souvenirs embaumés :

« Merci, mon Dieu pour ces saintes journées !
Nous en gardons le parfum précieux.

O fleurs d'amour, quand vous serez fanées,
C'est que la mort aura fermé nos yeux. »

La nuit a passé et l'heure des adieux est arrivée : aussi quel recueillement, quelle ferveur devant la Grotte, où une fois encore nous nous sommes réunis ! Monseigneur monte à l'autel et en même temps les communions commencent. C'est en hâte, comme autrefois les Israélites, que les pèlerins doivent se nourrir de la chair de l'Agneau, ayant déjà la ceinture autour des reins et à la main le bâton du voyage. C'est le salut du départ que nous adresse cet éloquent missionnaire de Lourdes dont nous avons tous, depuis trois jours, remarqué en toute circonstance l'empressement dévoué, l'obligeance toujours attentive, la patience et l'activité également infatigables. Au milieu de cette affluence ininterrompue de pèlerinages, quel courage surnaturel, quelle ardeur, renouvelée chaque jour, ne faut-il pas à ces pieux gardiens du sanctuaire de Marie pour suffire à leur tâche ! Ils sont partout, donnant une direction nécessaire, aussi discrète qu'intelligente, pleins de complaisance, d'aménité, de gracieuses attentions, se faisant vraiment tout à tous. Leur vie, c'est de confesser, de bénir et de se dépenser, sous toutes les formes, au service du Sanctuaire, et des fidèles de toute langue et de toute nation qui s'y rendent. Qui ne vénérerait de tels hommes, et comment leurs paroles ne pénètreraient-elles pas au fond des âmes, pour y rester comme un trésor de précieux conseils et d'encouragements salutaires? Oh ! oui, Marie sera toujours l'objet de notre amour et de notre confiance ! Nos yeux se tourneront souvent vers cette Grotte où elle nous est apparue si douce et si bonne ! Et jusqu'à l'heure où elle nous ouvrira le ciel, nous aurons sans cesse recours à elle, sachant bien, sentant mieux que jamais qu'on ne saurait l'invoquer en vain. Nous nous rappellerons aussi les éloges donnés, d'une voix dont l'émotion accentuait le témoignage, au pèlerinage du diocèse de Coutances, non pour y trouver la satisfaction de notre amour-propre, mais pour y puiser la volonté et la force de ne pas démériter : « noblesse oblige. »

Mais nous ne pouvions partir sans entendre une fois encore la voix de notre Evêque, et au besoin chacun lui aurait redit, comme Jacob à l'Ange du Seigneur : *Non dimittam te donec benedixeris mihi*; nous ne pouvons nous séparer sans que la bénédiction de votre parole tombe, à cette heure suprême, sur nos cœurs, comme une consolation et une espérance. Nos vœux furent magnifiquement exaucés. Monseigneur, plus ému qu'il ne l'avait encore été, n'eut pas de peine à faire résonner les cordes les plus vives et les plus sensibles des cœurs.

Il est impossible, avec les débris mutilés que nous rassemblons ici, de se faire une idée de cette brûlante improvisation, véritable explosion de sollicitudes et de supplications dont tous les échos de nos âmes retentissent encore. Au moins, et c'est notre excuse, nous aurons recueilli des exhortations utiles et des avertissements opportuns.

C'est au ciel seulement que les félicités sont éternelles. Nous venons de passer trois jours qui n'étaient pas de la terre, et voilà que ces jours vont finir; voilà qu'au cri joyeux du *Salve Regina* doivent maintenant succéder les paroles de l'adieu, paroles si tristes pour le cœur de l'enfant qui va quitter sa mère. Une dernière fois, ô Vierge immaculée, nous venons verser dans cette grotte bénie les effusions de nos âmes, ardentes, embrasées, suppliantes. C'est à la langue de l'Eglise que nous voulons demander la parole de l'adieu, comme nous lui avons emprunté la parole du salut.

Sub tuum præsidium confugimus. C'est sous votre protection qu'à cette heure émouvante et solennelle nous venons nous réfugier. Regardez-nous, regardez tous ceux qui sont ici.

Quels sont-ils? C'est l'Evêque d'abord, l'Evêque avec le redoutable fardeau qui pèse sur ses épaules, l'Evêque avec le sentiment de la responsabilité de tant d'âmes confiées à sa sollicitude, l'Evêque avec ses amères préoccupations, ses cruels soucis, l'Evêque avec les douleurs poignantes du présent et les craintes entassées de l'avenir. Comme il a besoin de votre protection!

Quels sont-ils? Ce sont quatre cents prêtres avec leurs paroisses qu'ils portent dans leur cœur et qu'ils représentent à vos pieds. Regardez-les, ces prêtres, avec leur foi si vive, leur piété si tendre, leurs prières si brûlantes. Ils n'ont qu'une aspiration, qu'un but poursuivi par tous les efforts de leur zèle, par toute l'énergie de leur dévouement : Glorifier Dieu, glorifier votre Fils, sauver les âmes. Et leur amour si souvent rencontre l'indifférence, pour ne pas dire l'ingratitude, pour ne pas dire parfois la haine et le mépris; et leur parole s'élevant contre tous les blasphèmes du jour, contre l'impiété trop universelle et trop en honneur, leur parole est si souvent impuissante; et les âmes qu'ils veulent conquérir à Jésus-Christ sont si souvent rebelles; et leur soif, comme celle de leur Maître, ne rencontre si souvent que le fiel et le vinaigre; et leur ministère est si souvent stérile! O Vierge Mère de Dieu, comme ils ont besoin de votre protection!

Quels sont-ils ceux qui recourent à vous? Il y a ici des pères, il y a ici des mères, des pères et des mères dont le cœur est si profondément désolé : la mort est tombée comme la foudre, elle a renversé, elle a couché dans la tombe des êtres qui leur étaient si chers, et leur voix, comme celle de Rachel, se fait entendre dans Rama, lamentable, déchirante, et refusant tout autre consolation que celle qui vient de vous! D'autres, hélas! saignent d'une blessure plus cruelle encore : ils pleurent sur des âmes arrachées à Jésus-Christ par le péché, sur des âmes devenues la proie de Satan, ils pleurent sur des morts spirituels ensevelis dans un linceul bien autrement triste et funèbre que le linceul du sépulcre. Ces pères et ces mères, voyez-les : voyez-les avec tant de préoccupations et d'angoisses qui les assiègent pour l'avenir de leurs enfants et le bonheur de la famille! O Vierge Immaculée, comme ils ont besoin de votre protection!

Quels sont-ils ceux qui sont ici? Ce sont des vieillards,

qui ont porté leurs fruits et qui sentent à leur racine la cognée de la mort. En face de la dernière heure qui bientôt va sonner pour eux, en face du tribunal suprême devant lequel bientôt ils doivent rendre compte de leur administration, ils sentent le besoin d'un secours tout-puissant; et ce secours, c'est de vous qu'ils l'attendent, c'est à vous qu'ils viennent dire : priez pour nous maintenant et à l'heure de notre mort !

Il y a ici des jeunes gens nourris, élevés dans une atmosphère chrétienne. En présence des dangers qui les entourent, des erreurs qui les menacent, des pièges tendus partout sur la route, ils tremblent, ils tremblent pour leur foi, ils tremblent pour leur vertu ; c'est vers vous qu'ils tournent leurs regards, vers vous la mère de la foi, *Mater agnitionis*, la mère de l'amour et de la sainte espérance, *Mater pulchræ dilectionis et sanctæ spei*.

Il y a ici, Notre tendresse paternelle pourrait-elle oublier cette portion choisie du troupeau? il y a ici des enfants qui sont particulièrement les vôtres, Nos chères et bien-aimées Enfants de Marie, fleurs délicates et précieuses, avec l'éclat de leur innocence, le parfum de leur pureté, le suave encens de leurs prières, de leurs piété si filiale et si dévouée.

O Marie, ô Vierge Immaculée, comme tous ont besoin de votre protection !

Quels sont-ils enfin ceux qui vous implorent? Il y a ici deux grands diocèses personnifiés dans leurs représentants. Voyez à vos pieds ces deux Eglises qui Nous sont si chères, les deux Eglises de Coutances et de Bayeux. Voyez-les avec leurs besoins, avec leurs tristesses, avec leurs joies, avec leurs craintes et leurs espérances. Que leur passé soit continué fidèlement; que leur présent soit digne de Dieu, digne de vous et digne d'elles ; que leur avenir soit votre couronne et leur récompense ! Voyez ces deux grandes Eglises dans leurs

Evêques, dans leurs prêtres, dans leurs fidèles, ouvrez votre cœur maternel pour les recevoir, accordez-leur la protection qu'ils réclament avec une ferveur digne d'être exaucée.

O Vierge Immaculée, regardez vos pèlerins, voyez leurs misères, entendez leurs supplications : supplications pour leurs bien-aimés malades, supplications pour les aveugles qui refusent la lumière, supplications pour la conversion des pécheurs et la persévérance des justes, supplications en un mot, car nous avons à cœur de ne rien oublier, pour tous les besoins qu'ils viennent vous exposer avec une confiance à la fois si profonde et si touchante !

Est-ce tout? Non, ô sainte Mère de Dieu : vous le voyez bien, ils ne sont pas seuls ici; ils sont à vos pieds avec le souvenir, avec la pensée, avec l'amour de leurs chers absents. Il y a ici leurs parents de là-bas, leurs amis, tous ceux auxquels ils s'intéressent, avec toutes les souffrances qui les travaillent, avec toutes les nécessités qui appellent votre secours.

Est-ce tout ? Non encore, ô Vierge bénie : il y a ici, car la mort ne saurait nous séparer, il y a ici nos morts tant regrettés, nos défunts aimés à jamais, nos défunts, chers captifs pour lesquels nous sollicitons la liberté, pauvres exilés pour lesquels nous sollicitons l'entrée dans le séjour du rafraîchissement, de la lumière et de la paix, nos défunts qui souffrent de la plus cruelle de toutes les souffrances, la faim et la soif de Dieu, et pour lesquels nous implorons le bonheur suprême, l'ineffable vision des élus.

Nous voilà tous, ô Marie, nous voilà tous à vos pieds, réclamant par nos voix et par nos cœurs votre maternelle protection. Cette protection n'est-elle pas la toute-puissance ? N'êtes-vous pas plus que la tour d'ivoire, que la tour de David, n'êtes-vous pas la Sainte Mère de Dieu, *Sancta Dei genitrix*? Mère de Dieu ! vous pouvez tout, tout sur le cœur du Père dont vous êtes l'épouse glorieuse et immaculée, tout sur le cœur du Fils dont vous êtes la Mère si tendrement chérie, tout sur le Saint-Esprit dont vous êtes le sanctuaire, le tabernacle de prédilection. Vous êtes bien la clef d'or qui ouvre le cœur de Dieu, vous êtes vraiment la toute-puissance suppliante.

Non, vous ne dédaignerez pas, vous ne mépriserez pas les ardentes prières que nous arrachent nos nécessités : *Nostras deprecationes ne despicias in necessitatibus.*

Nos nécessités ! Ô Marie, vous qui les voyez, vous en sonderez toute la profondeur, vous en embrasserez l'immense étendue ; avec votre cœur de Mère vous les comprendrez et vous voudrez les soulager. Que de plaies, en effet, à guérir à l'heure présente ! Que de chagrins à adoucir ! Que de maux dont vous pouvez être le remède !

Il y a les nécessités religieuses, il y a les nécessités sociales, il y a les nécessités domestiques, il y a les nécessités individuelles.

Nécessités religieuses d'abord. O Marie ! quelle crise traverse en ce moment la religion apportée au monde par votre divin Fils ! Quelles tempêtes au sein de l'Eglise, son épouse ! Quels flots soulevés de toutes parts contre la barque de Pierre ! — Quelle anxiété dans les regards du pilote ! Quelles amertumes dans le cœur du Vicaire de Jésus-Christ, notre Pontife et notre Père ! Quel glaive aigu le transperce ! Quelle couronne d'épines ensanglante son front ! — Quels périls court la vérité ! Quels dangers menacent la vertu ! La vie chrétienne, hélas ! de toutes parts impudemment attaquée, de toutes parts cruellement blessée, ne va-t-elle pas disparaître ? O Marie, regardez la situation faite au Père commun des fidèles, regardez la situation des Evêques, la situation des prêtres, la situation des âmes. Regardez et voyez comment, au point de vue religieux, les nécessités et les douleurs sont vastes, vastes comme l'océan sans fond et sans rivage, *magna est velut mare contritio tua.* Voyez si jamais périls furent semblables à nos périls, si jamais angoisses surpassèrent nos angoisses.

Nécessités sociales. Ici-bas, nous le savons, nous sommes les citoyens de deux patries, la patrie céleste et la patrie terrestre. L'amour du ciel et l'amour de l'Eglise ne sauraient éteindre chez nous l'amour de la France ; ils rendent au contraire notre patriotisme plus pur et plus ardent, en nous faisant mieux comprendre et rechercher avec plus d'ardeur les biens qui assurent à la patrie de la terre la grandeur, la prospérité, la gloire. Ces deux amours se fortifient dans nos cœurs et nous inspirent pour la France, avec une tendresse plus filiale, des appréhensions plus vives, des inquiétudes plus poignantes.

S'il est vrai que sans Dieu l'édifice social est voué fatalement à la ruine, ô Marie, que va devenir le peuple autrefois très-chrétien, la nation que les siècles, à cause de sa foi, de son dévouement et de ses services, ont baptisée la fille aînée de l'Eglise? C'est vers vous, sa patronne et sa Reine, que nous tournons en ce moment les regards et que nous tendons nos bras suppliants. O Marie, regardez les nécessités de la France ; ô Marie, ne les dédaignez pas et soulagez-les ! Ne permettez pas que la nation qui fit tant autrefois pour la vérité chrétienne, vrai fondement des sociétés et des civilisations, qui mit tant de fois et son glaive et son sang au service de la religion, voie de nos jours la vérité s'évanouir, la religion s'éteindre dans son sein ! O Marie, ne permettez pas que votre divin Fils soit entravé dans son amour, que les scellés soient apposés sur son cœur, qu'il soit enfermé dans son temple comme le prisonnier dans son cachot, qu'il ne puisse plus se montrer au grand soleil dans nos rues et sur nos places, y épancher les trésors de sa miséricorde sur ses phalanges fidèles et sur le pays. Ne permettez pas que la piété de ses enfants soit enchaînée, qu'elle ne puisse plus se produire publiquement, dresser des trônes à son Dieu, lui prodiguer les témoignages de sa fidélité, les hommages de ses adorations et de sa reconnaissance. O Marie, en ces jours de liberté si vantés, ne permettez pas que la liberté de Dieu, que la liberté de ses enfants soit seule méconnue et foulée aux pieds.

O Marie, maintenez debout sur le sol de notre France la croix, unique symbole de la liberté, de l'égalité, de la fraternité. Que toujours cette croix soit défendue contre la haine aveugle et la violence sauvage par le respect, par la vénération, par le culte des vrais enfants de la France !

O Marie, ne permettez pas que nos saints, ces grands hommes par excellence, ces héros qui ont porté si haut la vaillance chrétienne, qui ont si bien mérité du Dieu qui les couronne et des foules qu'ils ont édifiées, ne permettez pas que nos saints soient insultés. Faites que toujours sur les places publiques, comme dans nos cœurs, leurs statues se dressent nobles et fières comme la sainteté, splendides comme la pureté, glorieuses comme la souffrance et la croix qu'ils ont portée avec une invincible constance ! Faites que toujours, dans leur muette mais éloquente attitude, elles redisent à un siècle qui les a oubliées les leçons sublimes si propres à le sauver !

O Marie, faites que ces hommes de Dieu dont les noms sont parmi nous synonymes de science, de lumière et d'incomparable dévouement puissent continuer à exercer leur fécond ministère, à répandre librement et abondamment leurs bienfaits au sein d'une génération qui en a tant besoin. Faites que la postérité ne puisse pas dire en les glorifiant et en flagellant notre époque : *Quibus mundus non erat dignus*, ce monde-là n'était pas digne de les posséder.

O Marie, regardez nos chers et bien-aimés lévites : ils sont Notre joie, ils sont Notre espérance et la sauvegarde de l'avenir contre les ténèbres qui s'étendent et s'épaisissent, contre la corruption qui nous gagne et nous envahit. O Marie, faites que loin de l'agitation du monde, loin de ses bruits et de ses tumultes, loin de la perversité de ses exemples, ils puissent, à l'ombre du sanctuaire, dans le recueillement et le silence, dans cette solitude où Dieu parle au cœur, se préparer paisiblement à gravir les degrés de la montagne sainte, jusqu'aux hauteurs du sacerdoce.

O Marie, regardez l'enfance, l'enfance que Jésus-Christ a tant aimée, l'enfance que l'Eglise chérit d'une affection de mère, qu'elle élève avec tant d'abnégation et de dévouement, pour la famille et pour le pays, pour l'avenir du temps aussi bien que pour la gloire de l'éternité. L'enfant, ah ! ne permettez pas qu'il grandisse un jour étranger au nom de Dieu, loin des leçons divinement éloquentes et des exemples saintement entraînants de Jésus-Christ ! L'enfant, ah ! donnez-lui, pour le porter à la maturité, un autre souffle que celui de la science purement humaine, d'autres ailes que les ailes de l'instruction profane. A l'enfant, objet de Nos plus vives préoccupations comme de Notre plus paternel amour, gardez Dieu, gardez Jésus-Christ, gardez la vérité chrétienne, les vertus chrétiennes, la vie chrétienne ! Gardez-lui cet inestimable trésor dans l'école, dans la famille et dans la société ! De grâce, ô Marie, sauvez, sauvez l'enfance !

O Marie, regardez notre jeunesse trop souvent imbue d'un matérialisme abject et d'un athéisme insensé. Protégez-la contre un sensualisme qui détruit le fruit dans sa fleur, qui engendre toutes les hontes et précipite à toutes les décadences. Gardez-lui les convictions qui font les vrais caractères, gardez-lui les principes qui font les vrais chrétiens. Que, sous votre protection, cette jeunesse croisse et s'élève jusqu'à la virilité généreuse qui rendait autrefois notre nation si forte, si fière et si respectée!

O Marie, regardez notre France avec toutes ses nécessités. Puissent nos misères parler à votre cœur, le toucher et en faire jaillir ces miracles qui ressuscitent la foi, relèvent les âmes et assurent la sécurité pour le présent, la grandeur et la prospérité pour l'avenir!

Nécessités domestiques. Dans le sanctuaire de la famille, que de souffrances aussi, que d'amertumes! Que de plaies vives et profondes! O Marie, faites revivre au cœur des pères l'amour du devoir, l'amour du travail, le dévouement à ceux qu'ils ont mission de conduire et d'édifier. — Donnez aux mères l'abnégation, la patience, l'amour du sacrifice. Qu'à votre exemple toujours elles se tiennent debout en face de la croix. Qu'elles demeurent fortes et intrépides sous tant de fardeaux qu'elles ont à porter. — Imprimez au cœur de l'enfant le respect, ce sentiment sacré qu'il ne connaît plus assez aujourd'hui. Pliez sa volonté sous le joug vivifiant et salutaire de l'obéissance. Ouvrez son cœur à l'amour, ce soleil de la famille, ce baume si bien fait pour guérir les blessures, ce trésor dont la tendre et délicate affection des parents comprend seule l'inappréciable valeur. O Marie, resserrez de plus en plus au sein de notre France ces liens du sang qui se relâchent chaque jour, rendez à la famille son antique beauté! Qu'aujourd'hui comme autrefois au foyer domestique puisse retentir dans une magnifique harmonie le cantique de la fraternité : *Ecce quam bonum et quam jucundum habitare fratres in unum!* C'est alors que de ce foyer passeront dans la société les générations dont elle a besoin : la génération du respect, la génération de l'obéissance, la génération de l'amour, la génération du dévouement et de la générosité, qui font à la fois les grands hommes, les grands peuples et les grandes choses.

O Marie, laissez-nous vous crier avec tout notre cœur :

pitié pour l'Eglise, pitié pour la France, pitié pour la famille, pitié enfin pour chacun de nous !

Les nécessités individuelles. Comme elles sont nombreuses, comme elles éclatent de toutes parts, comme elles appellent votre secours !

Ce sont en premier lieu les nécessités du corps. Comme elles parlent dans cette enceinte, comme elles s'y révèlent, s'ingéniant en quelque sorte à faire violence à votre pitié ! Ne les voyez-vous pas étendus à vos pieds sur leur lit de douleur, ces pauvres malades accourus de toutes les extrémités de la France ? Ne les voyez-vous pas, ces aveugles infortunés, ces pauvres et malheureux perclus ? N'entendez-vous pas le souffle haletant de ces poitrines malades ? N'embrassez-vous pas du regard et du cœur toutes ces plaies qui invoquent la guérison ? Où donc plus manifestement qu'ici se déroula le spectacle des infirmités humaines ? Où donc leurs cris ont-ils retenti avec une éloquence plus saisissante et plus irrésistible ? Quand donc a-t-elle monté vers vous plus touchante, plus brûlante qu'à cette heure et en ce lieu cette invocation de toutes les misères physiques : *Salut des infirmes, priez pour nous* ?

Mais le corps n'est que la moindre partie de nous-mêmes. Plus haut il y a les nécessités des âmes ; il y a cette lèpre repoussante, que dis-je, cette mort vivante qui s'appelle le péché. Le péché, c'est-à-dire la séparation de Dieu. Le péché, c'est-à-dire la terre sainte livrée aux mains de l'infidèle par excellence, devenue la proie de Satan. Le péché, c'est-à-dire les ténèbres, c'est-à-dire la faiblesse, c'est-à-dire la captivité, c'est-à-dire le sceptre et l'empire de l'enfer. Le péché, c'est-à-dire le sang de Jésus stérile et profané. Le péché, c'est-à-dire le mépris de Dieu, la haine de Dieu. Le péché, ah ! voilà bien la misère suprême, la misère de tous les temps, la misère de notre époque en particulier. Et voilà le secret de la colère du ciel, de cette vengeance qui humilie, qui déchaîne tant de fléaux sur la terre. Et cette lèpre qui nous défigure, qui nous dévore et nous mène à la pourriture nous n'en sentons, hélas! ni la gravité, ni les ravages; nous demeurons trop souvent insensibles au mal fait à Dieu d'où découlent les malheurs du pays, les larmes de la famille, l'abomination de la désolation dans nos âmes. O Marie, ces fidèles accourus de toutes parts en ce béni sanctuaire, ces prêtres qui non contents de prier chaque jour entre le vestibule et l'autel sont ici prosternés au pied de votre rocher, tous ceux-là comprennent la blessure sanglante faite à la majesté, comme à la bonté du cœur de Dieu ; tous ceux-là tremblent au bruit du tonnerre dont les autres n'entendent pas les grondements sinistres; tous ceux-là se frappent la poitrine et disent au Seigneur dans le repentir et dans les larmes : *nos inique egimus*, nous avons péché, voilà pourquoi vous êtes inexorable; mais en même temps tous ceux-là vous prient avec une confiance que vous exaucerez. O Mère de la miséricorde, ô vous qui avez donné au monde le sang qui l'a racheté, parlez, parlez pour nous ; grâce, grâce pour nos péchés, grâce pour les iniquités nationales, grâce pour les prévarications individuelles!

Ce n'est pas tout, ô Marie. Il y a de plus les nécessités des cœurs. Les cœurs, oh! comme souvent ils sont éprouvés, cruellement éprouvés! Pour eux, que de soupirs, que de gémissements, que de pleurs! Regardez plutôt et voyez. L'angoisse les étouffe, le chagrin les mine, la souffrance les tue. Pauvres cœurs, la mort a posé sa froide main sur des êtres chéris qu'ils aimaient plus que leur propre vie, et du même coup les a enveloppés de ces deuils qui ne finissent pas jusqu'à l'éternité! Mais que fais-je? Pourquoi déchirer imparfaitement le voile qui nous dérobe les souffrances des cœurs, souffrances qui se diversifient, qui se multiplient à l'infini comme les maux d'où elles procèdent? O Marie, avec votre regard, ce regard d'autant plus perspicace qu'il est le regard de la Reine des martyrs, de la Mère de douleurs, pénétrez et lisez au fond de tous les cœurs ici présents. Que de souffrances publiques, éclatantes ! que de souffrances intimes et cachées ! que de chagrins ! que de regrets ! que de larmes ! que de sang ! O Marie, soyez propice à toutes ces douleurs : rafraîchissez les cœurs desséchés ; retrempez les cœurs découragés ; ramenez la vie là où règne la mort, la sérénité là où règne la tempête, la joie à la place de la tristesse ! O Marie, ranimez toutes les défaillances ; guérissez toutes les meurtrissures ; consolez toutes les désolations ! Mais, je le sens, tout ardente qu'elle est, tout éloquente qu'elle veuille se faire, cette supplication qui s'élance de mon cœur et de mes lèvres, est l'impuissance même, en face d'une réalité si lamentable. Eh bien, ô Marie, n'écoutez pas seulement une pauvre et faible voix, écoutez une voix plus puissante, écoutez le cri de cette multitude, le cri de ses besoins et de ses misères, écoutez le cri des présents et des absents, ce cri qui monte vers vous et qui vous dit avec une incomparable ferveur, comme avec une inénarrable confiance : *Salut des infirmes, priez pour nous ! Refuge des pécheurs, priez pour nous ! Consolatrice des affligés, priez pour nous ! Nostras deprecationes ne despicias in necessitatibus.*

Mais, si telles sont les misères du présent, comment ne pas trembler en envisageant l'avenir ? L'avenir, comme il est sombre, comme il est noir, comme à l'horizon les nuages apparaissent chargés de tempêtes et pleins de périls effrayants ! Aussi, comme nous sentons, ô Marie, le besoin d'ajouter encore avec l'Eglise : *sed a periculis cunctis libera nos semper !*

Quels seront-ils ces périls ? Saint Paul autrefois s'adressant aux Corinthiens leur exposait l'interminable série des dangers qu'il avait dû traverser. Périls de la part des voleurs, périls de la part de ses compatriotes, périls de la part des nations étrangères, périls dans la cité, périls dans la solitude, périls de la part des faux frères, travaux et chagrins, faim et soif, froid et nudité ; puis la sollicitude de toutes les églises, la participation aux souffrances de ses frères, la désolation que lui causaient les scandales.

N'est-ce pas l'image des périls qui nous attendent? Et nous aussi, n'avons-nous pas à redouter les verges, c'est-à-dire des attaques plus passionnées, plus haineuses encore contre les causes sacrées, objet de tout notre amour : *ter virgis cæsus sum?* N'avons-nous pas à redouter les pierres du blasphème et de la violence, tombant comme une grêle plus désastreuse encore dans l'avenir que dans le présent : *semel lapidatus sum?* N'avons-nous pas à redouter le naufrage de tant d'institutions fondées par la Religion, respectées par les siècles passés, méprisées et anéanties par le nôtre : *ter naufragium feci?* Ah! sans doute, ils sont profonds les abîmes de nos douleurs ; mais n'est-il pas à craindre que nous descendions plus bas encore dans cet océan de tristesses et d'amertumes : *nocte et die in profundo maris fui?* Ne formeront-ils pas bientôt une légion plus nombreuse, ceux-là qui tentent, avec le génie de l'enfer, de nous dérober notre force avec notre foi, notre honneur avec notre vertu : *periculis latronum?* Hélas! au sein même de notre pays, quel est le sort réservé à la Religion du Christ et à ses fidèles enfants ; *periculis ex genere?* A l'extérieur, au lieu de sympathies, quel acharnement! Comme partout les ennemis du Sauveur, les sectes qui le poursuivent dans son Eglise, en se multipliant, multiplient pour nous les pièges, les périls et les assauts : *periculis ex gentibus!* Au milieu de nos populations, l'indifférence ne va-t-elle pas s'étendre, l'oubli du devoir se propager, l'impiété prévaloir et s'imposer : *periculis in civitate?* Dans la solitude et loin des dangers du monde, que deviendrons-nous, livrés en proie à notre faiblesse? Aurons-nous le courage de la persévérance, cette vertu plus héroïque que le martyre lui-même : *periculis in solitudine ?* Sur cette mer du monde, si féconde en scandales, pourrons-nous résister aux vents et triompher de la fureur des flots : *periculis in mari?* Quand donc les faux frères furent-ils plus à redouter que de nos jours? Quelles trahisons viendront vous affliger, ô Sauveur Jésus? Quelles défections doivent plus tard déchirer votre cœur? N'aurez-vous pas à redire encore la parole de la désolation : Si c'était mon ennemi qui me traitât de la sorte! mais vous, l'homme de ma paix, auquel je prodiguais à ma table une nourriture exquise !... *periculis in falsis fratribus.* Quelles luttes, ô mon Dieu, nous faudra-t-il soutenir, quels énergiques efforts nous aurons à déployer pour soutenir votre cause : *in labore et œrumna !* Pouvons-nous compter sur la nourriture du lendemain? Jusqu'à quel point les rigueurs du froid et de la nudité se feront-elles sentir pour nous : *in fame et siti, in frigore et nuditate ?* Pour nous, Evêque et prêtres, quels soucis viendront s'ajouter aux soucis du présent, quelles frayeurs aux frayeurs actuelles? Par quels sacrifices nous faudra-t-il passer pour défendre intrépidement, avec les intérêts de l'Eglise, les intérêts des âmes qui nous sont confiées : *sollicitudo omnium ecclesiarum?* Quelles seront les faiblesses de ces âmes, et dès lors quel ne devra pas être notre héroïsme pour les soutenir, pour les fortifier, pour les conduire au combat et à la victoire : *quis infirmatur et ego non infirmor?* Hélas! pourrons-nous prévoir les embûches qui leur seront tendues? N'aurons-nous point à pleurer sur des chutes lamentables qui feront saigner si cruellement nos cœurs : *quis scandalizatur et ego non uror?*

Ai-je dit tous les périls qui peuvent se dresser dans l'avenir en face de nous? J'ai pu sans doute en signaler quelques uns. O Marie, vous les connaissez mieux que moi, vous les connaissez tous : *a periculis cunctis.* Vous connaissez les périls cachés et les périls publics, vous connaissez les périls de tous et les périls de chacun. Dieu ne vous révèle-t-il pas dans la lumière d'en haut les causes qui les produisent et les ravages dont nous serons les victimes? O Marie, mère de l'Eglise, ô Marie, vierge-prêtre, ô Marie, reine des chrétiens, leur force et leur espérance, délivrez-nous de tous les périls, couvrez-nous de vos ailes protectrices, cachez-nous, Pasteur et troupeau, grands et petits, faibles et puissants, cachez toute la famille dans votre cœur maternel, enveloppez-la dans votre tendresse la plus vigilante et la plus dévouée! Soyez, soyez dans le présent et dans l'avenir la tour de David d'où nous puissions combattre vaillamment et repousser tous les traits de l'ennemi; ou plutôt conjurez tous les périls. C'est alors que nous vous glorifierons, ô Vierge Immaculée, c'est alors que nous vous bénirons de toutes nos forces et avec toute notre énergie : *Virgo gloriosa et benedicta!*

Ah! ne craignez pas, nous ne serons point ingrats envers votre cœur de Mère. Nous le sentons, ce n'est pas assez de demander, il faut avant tout nous donner, nous consacrer à vous. Eh bien! ô Vierge Immaculée, après vous avoir parlé le langage de nos misères, nous voulons vous parler le langage de notre dévouement et de notre amour. O Marie, notre Reine, à vous, après Dieu, l'empire absolu sur tout notre être et sur toutes ses puissances. A vous nos esprits, pour vous connaître de plus en plus, vous et Jésus le fruit béni de vos entrailles. A vous notre volonté, pour vous servir de mieux en mieux, vous et votre Jésus. A vous notre cœur, pour vous aimer plus généreusement que jamais, vous et votre Jésus. A vous notre corps, pour glorifier plus complètement, pour porter plus fidèlement votre Dieu et le nôtre. A vous et à Lui notre présent; à vous et à Lui notre avenir; à vous et à Lui notre vie; à vous et à Lui notre éternité.

Et maintenant, il faut donc la prononcer la triste parole de l'adieu. Mais non, non, nous ne voulons pas vous dire adieu. Est-ce qu'en effet nous ne venons pas de jurer que là-bas comme ici nous voulons être à vous? Oui, sur les rivages de la Manche comme sur les bords du Gave, demain et tous les jours, nous vous dirons avec le psalmiste : *Tuus sum ego, salvum me fac*, nous sommes vos enfants, de grâce sauvez-nous ! En vous quittant, ô Grotte bénie, nous emportons votre souvenir, le souvenir de la Vierge Immaculée ; nous le garderons intact dans nos cœurs en attendant qu'il nous soit donné de vous revoir encore et de goûter de nouveau ces joies que nous venons de savourer. O Vierge de Lourdes, bénissez-nous ! O Vierge de Lourdes, accompagnez-nous! O Vierge de Lourdes, sanctifiez notre vie, fortifiez nos résolutions, fécondez notre désir de vertu et de perfection! O Vierge de Lourdes, réjouissez, vivifiez non pas seulement notre présent pèlerinage, mais celui dont il n'est que le symbole, réjouissez et vivifiez le pèlerinage de notre vie tout entière ! O Vierge de Lourdes, c'est notre dernier cri, bénissez-nous tous, fortifiez-nous tous, sauvez-nous, sauvez-nous tous. Ainsi soit-il.

Lorsque Monseigneur fut descendu de chaire, la foule s'écoula lentement. Il fallait faire les derniers préparatifs de départ et bientôt le premier train emportait les pèlerins de Cherbourg. Mais jusqu'à la dernière heure, des groupes, qui s'égrenaient peu à peu ou se remplaçaient successivement, continuèrent de prier devant la Vierge Immaculée : ne retarde-t-on pas jusqu'à l'extrême limite le pénible moment où il faut s'arracher des bras d'une mère ?

Ce fut la ligne de Pau que nous suivîmes au retour. Toutes les magnificences de la nature que nous avions tant admirées lorsqu'elles nous étaient apparues à notre arrivée, nous accompagnaient le long de cette route et se montraient sous un aspect plus imposant, plus varié, plus merveilleux encore.

Mais tout ce décor grandiose fuit rapidement à l'horizon, et bientôt, après avoir, en passant, donné un rapide regard à l'ancienne capitale de la Basse-Navarre, si gracieusement et si heureusement posée comme une couronne sur une hauteur escarpée, qui nous présente au premier plan le château de Gaston Phébus et de Henri IV et qui domine l'entrée des vallées pyrénéennes, nous courons du côté des Landes. Nos cœurs s'émeuvent en se rappelant que là, dans ce pays morne et triste, est né un pauvre prêtre dont les conquêtes ont été plus étendues, plus durables et plus glorieuses que celles mêmes du vainqueur d'Ivry, restaurateur de la France ; dont l'action a été plus puissante et plus profonde, dont le nom est resté plus populaire encore, et surtout qui porte une couronne plus riche et plus enviable que toutes les couronnes terrestres : saint Vincent de Paul, priez pour nous !

La nuit est venue; nous parcourons des lieux déjà traversés, et, lorsque reviendra le jour, il éclairera pour nous des spectacles sur lesquels nos regards se sont déjà portés. On éprouve à les revoir un nouveau charme ; ils se présentent sous un nouvel aspect, que l'on trouve facilement plus intéressant, plus agréable encore. Mais là n'est pas pourtant le vrai charme du voyage : il est dans cette cordialité intime et douce, dans cette union des âmes toutes pénétrées des mêmes émotions, toutes rayonnantes des mêmes joies célestes, toutes enflammées des mêmes ardeurs de piété et d'amour surnaturel, toutes enlacées autour de Marie, leur commune Mère. Il est aussi dans l'accueil qui partout nous est fait, parce que nous sommes des pèlerins de Lourdes : les visages sont respectueux comme les attitudes, et ce respect s'épanouit en sympathie souriante; nous sommes des amis qu'on applaudit, non sans leur porter quelque envie. Dans les gares, les employés de toutes classes nous demandent des médailles, des souvenirs, des objets de piété ; et nous pleurons de joie en voyant sur combien de cœurs Marie étend encore sa douce influence, son empire et la main de sa miséricorde !

Enfin nous sommes en territoire normand et déjà quelques uns de nos compagnons nous quittent. Comme ils sont reçus à bras ouverts, avec des transports de joie, de chaudes et joyeuses félicitations, dont nous sommes ordinairement peu prodigues! A chaque gare, c'est une foule considérable, énorme souvent, qui se presse avec un enthousiasme magnifique et plein de promesses. Tous ces cœurs étaient bien avec nous au pèlerinage, et c'est un peuple entier, c'est tout le pays qui pendant cette semaine a été aux pieds de la Vierge de la Grotte. On nous le dit d'ailleurs, on s'empresse de nous faire connaître cette communion des cœurs dans le même sentiment, dans la même piété : pendant notre absence, ceux qui n'ont pu nous suivre ont trompé leurs regrets, dédommagé leur dévotion en remplissant les sanctuaires consacrés à la sainte Vierge. Oh! tant de prières, tant de confiance, tant d'amour tendre et généreux, tout cet élan des cœurs vers Celle que l'on n'invoque jamais en vain ne peut être trompé! Marie nous sauvera parce que nous sommes et nous voulons rester ses enfants !

Nous avons joui partout de cet accord sans dissonnance ; — sans dissonnance : on dit qu'il s'en est produit une seule, mais si faible, si pitoyable et ridicule, si bien noyée dans le puissant concert qui, de Cherbourg à Mortain, de Coutances à Bayeux et au-delà, chantait et bénissait Notre-Dame de Lourdes, qu'il peut paraître presque puéril de noter cet incident. La ville, encore pleine de foi et de bon sens, qu'il a attristée et indignée n'a point à rougir d'un insignifiant essai dont elle a fait bonne justice. Opposons de suite à cette maussaderie ratée le spectacle du lendemain soir. A l'heure du Salut annoncé, le vrai Coutances remplissait la cathédrale et c'est au milieu d'une affluence comparable à celle des plus grands jours de fête que Monseigneur l'Evêque, en paroles de lumière et de flamme, a résumé la semaine bénie.

Aujourd'hui, après quinze jours écoulés, le pèlerinage de Lourdes montre une partie des fruits qu'il a déjà produits.

D'une part, plusieurs guérisons extraordinaires se sont affermies, entre autres celle d'un homme de Morsalines, atteint depuis huit ans d'une paralysie, et qui peut faire à pied plusieurs kilomètres, sans trop de fatigue. Beaucoup d'autres malades constatent dans leur état une amélioration notable ; plusieurs même se disent entièrement guéris. Nous n'avons aucune raison de mettre en doute ces faits, qui sont devenus si communs; peut-être est-il bon toutefois d'attendre que le temps leur ait donné sa sanction, avant de les produire devant le public.

Mais ce qui ne peut être l'objet d'aucun doute ni d'aucune contestation, c'est l'immense mouvement de foi que cet acte a produit dans le diocèse. Dieu l'a contemplé du haut du ciel et son cœur s'en est réjoui. Il a vu que ces chrétiens vivent et que le sang de son Fils coule encore dans leurs veines. Jésus s'est réjoui parce que son sang répandu pour nous n'est pas perdu : il produit ces fruits abondants et magnifiques, et ceux qui proclament que le catholicisme est mort ont vu qu'ils se trompent ou qu'ils mentent. Ils passeront, comme ont passé tous les fléaux de Dieu, sans laisser de traces que des ruines bientôt relevées par nous qui *vivons*. Le flot des siècles les aura emportés comme une écume et l'Eglise ne cessera de vaincre et d'étendre ses conquêtes, à l'abri des autels de Marie et sous les bras de la Croix qui domine du haut de sa stabilité les révolutions humaines.

« *Stat Crux dum volvitur orbis.* »

L.-M. MUSTEL.

Coutances. — Imprimerie de SALETTES, libraire.

8